はじめての国語

茅野政徳・櫛谷孝徳 著

東洋館出版社

はじめに

　1461時間。小学校で国語科を学ぶ時間数です。算数科が1011時間ですから、国語科の学習時間の多さが際立っています。それだけ重要な教科として位置付けられているのが国語科です！

　しかし、「重要なのはわかるけど、どのように国語科の学習を進めればよいの？」と悩んでいる先生にたくさん出会います。先生方の悩みは大きく3つに分けられるのではないでしょうか。

（1）「音読や漢字の宿題がマンネリになっていて…」「子どもの語彙が少なくて…」など、知識や技能の習得に関する悩み。

（2）「物語文は場面ごとに学習していいの？」「説明文の学習がいつも同じ進め方になってしまうのだけれど…」「書くことの学習が予定の時数で終わらない」など、3領域に関する悩み。

（3）「国語科における主体的・対話的で深い学びって？」「何をどうやって評価したらよいのかわからない」など、他教科にもつながる悩み。

　今、本書を手に取ってくださっているあなたにも当てはまる悩みはありましたか？

　未来の教育を担う若い先生方、国語科の授業づくりに苦手意識を抱いている先生方に、国語科学習の基本的な内容や進め方をご説明し、少しでも先生方の悩みを減らしたいと願い、本書を刊行することになりました。

　本書は、各章、各項目が独立していますので、どのページからお読みいただいても構いません。まずは、関心のある章や項目を開いてみてください。「なるほど！」「そう考えればいいのか！」と、先生方に新たな気付きを提供できると確信しています。

　正確に内容や考えを伝える「確かな言葉」。その人の個性があふれる「豊かな言葉」。どちらも子どもたちに身に付けてほしい。そのために、授業が上手になりたい。もっと国語科を知りたい。先生方の、その思いに応えます。

2025年1月

山梨大学　茅野政徳

Contents

第 4 章　国語の指導技術

第 5 章　国語の学習評価

第 6 章 Q&A

※本書においては
・平成29年版小学校学習指導要領→学習指導要領
・小学校学習指導要領（平成29年告示）解説　国語編→解説
・「指導と評価の一体化」のための学習評価に関する参考資料　小学校国語→参考資料
と略記しています。

第 1 章

国語の教科特性

# 国語科ってどんな教科?

1 「言葉」そのものを意識する
2 確かな言葉を育む
3 豊かな言葉を育む
4 自分を表現し、他者を理解する

1 「言葉」そのものに目を向ける

　朝起きてから夜寝るまで、私たちの生活は言葉に包まれています。言葉は目に見えない空気と同じくらい、なくてはならない存在として私たちの生活に溶け込んでいます。あまりに当たり前すぎて、ふだんの生活で自分が発した言葉が適切だったのかを振り返ったり、他者が発した言葉の意味を深く考えたりすることはほとんどありません。そんな中、国語科にはどのような役割があるのでしょうか。

> 無意識に自分が発し、他者から発せられる「言葉」そのものに意識を向ける

　それが、国語科です。現実が先にあるのではなく、言葉が先にある。私たちは言葉を通して現実を見ている。そんなふうに言われたら納得できますか？例えば「まくら」。私たちは「まくら」という言葉を知っています。そして、「まくら」は寝るときに頭の下に置くものと知っています。だから、「まくら」におしりを付けたり、足で踏んだりしません。しかし、その言葉を知らない赤ちゃんやペットなどの動物は、どうでしょう。他にも、「肩こり」に該当する言葉が英語にはありません。「Katakori」という言葉とその意味を理解した英語話者が、その後肩に痛みを感じた際、これは「Katakori」ではないか、と考えるようになったというエピソードがあります。以上が、言葉を通して現実を認識している典型例です。

　無意識に、そして大量に発せられる自分と他者の言葉。その意味や働きに目を向け、じっくりと考える。それが国語科の役割です。

2　確かな言葉を育む

> (1)　今日は雨が降りそうだ。しかし、傘を持って行った。
> (2)　私、は昨日学校に行く予定だ。そしてあなたは会うにちがいない。

　以上の2例を読んでどう感じましたか？　内容を理解しにくいと感じたのではないでしょうか。接続語、時制、主語と述語、読点などの用い方が適切ではありません。事実や考え、思いがあっても、正確に伝えられなければ、この人は何が言いたいのだろう、と他者を困らせてしまいます。社会生活の土台となる正確で、適切で、確かな言葉を育む。それが国語科です。

3　豊かな言葉を育む

　言葉の世界は、確かさだけではありません。対極に豊かさを置いてみましょう。好きな人に告白する場面。あなたのことが好きです。あなたに恋しています。あなたが愛おしい。あなたしか見えない。あなたとずっと一緒にいたい。あなたを守り続けます。「好き」という直接的な言葉から間接的な表現まで多種多彩。どれも間違っていない。自分の心にぴったりの言葉を選び、表現すればよい。言葉には正解のない豊かさがあります。詩や短歌は、個性が全面に出てよい代表格です。あなたを映し出す豊かな言葉を育む。それも国語科です。

4　自分を表現し、他者を理解する

　他にも国語科には、様々な役割があります。
(1)　伝統的な言語文化（言葉遊び、短歌・俳句、古文・漢文など）に親しむ
(2)　読書に親しむ
(3)　様々な言語活動を経験する
(4)　語彙を増やす

　これら以外にも、国語科にはたくさんの役割が与えられています。しかし最終的にたどり着きたいのは、以下のような子どもの姿です。

> 自分の言葉で、自分の思いや考えを適切に表現する子ども
> 他者の言葉に向き合い、言葉を介して他者を適切に理解する子ども

2 国語科で育てたい子ども

1 自分の言葉に向き合う子ども
2 他者の言葉に向き合う子ども
3 日本語の特徴に目を向ける子ども

1 自分の言葉に向き合う子ども

> この言葉でよいかな　もっとふさわしい言葉はないかな
> この内容でわかってもらえるかな　この構成で伝わるかな

　自分が発する言葉に常に自問自答する子ども。もっとよい言葉、内容、構成はないかと探す子ども。自分の言葉と向き合い続ける子どもは、新たな言葉を自分のものとして獲得していきます。

　近年、言葉がどんどんやせ細っているように感じます。ヤバい、ウザい、エグいなどの言葉ですべてを片付けようとする姿を目にします。「ヤバい」の一言で、本当に自分の思いや考えを伝えられているのでしょうか。

　言葉には、正誤、適否、美醜があります。

正誤：客観的な事実や自分の考えを表現するのに、その言葉は正しいのか
適否：場や相手、言語活動の特徴に適した言葉なのか
美醜：その言葉が醸し出すイメージや雰囲気は、場の状況にふさわしいのか

　自分が発する言葉に向き合い、自分の言葉を正誤、適否、美醜の観点から自問自答する子どもを育てましょう。

2 他者の言葉に向き合う子ども

　他者が口から発した言葉は、その場で消えていきます。他者が書いた文章も、

意識しなければ、さーっと読んで内容の大体を理解して満足してしまいます。

　教師になって3年目の先生が次のように発したらどのように感じますか？

（1）教師になって、もう3年も経った。

（2）教師になって、まだ3年しか経っていない。

同じ事実を語っています。でも、そこに込められている思いは真逆です。このことを物語文の表現から考えてみましょう。物語文も他者の言葉です。

Q：なぜ、残雪のむねの辺りは「くれない」に染まったのでしょうか。「赤」ではいけませんか？（「大造じいさんとガン」光村図書5年）

Q：なぜ、松井さんが拾ったぼうしは「白い」ぼうしだったのでしょうか。「赤」や「黒」ではいけませんか？（「白いぼうし」光村図書4年）

　作者は、必ず意図をもってその言葉を紡ぎ出しています。その言葉に意識して立ち止まり、他者の言葉と向き合う子どもを育てましょう。

3　日本語の特徴に目を向ける子ども

　日本語にはどのような特徴があるでしょう。

（1）たくさんの表記がある（ひらがな、カタカナ、漢字、ローマ字など）

（2）オノマトペや自然現象（雨、雲、雪など）に関する言葉が多い

（3）敬語が多い

（4）主格・人称の表現が多い（わたし、わたくし、おれ、ぼく、自分など）

（5）主格・人称の表現を省略する（いちいち、「わたしは」と言わない）

（6）言葉の使い方に性差が表れることがある（いわゆる男言葉、女言葉）

（7）多種多様な方言が使用されている

（8）文末で思いや考えの強さが決まる

（8）について、例を示します。

A：国語科は、最も大切な教科である。

B：国語科は、最も大切な教科だといえる。

C：国語科は、最も大切な教科だと思う。

D：国語科は、最も大切な教科だろう。

　AからDに向けて、どんどん考えが弱まっていくのがわかります。日本語は、文の最後まで意識を向けないと、伝え手の思いや考えを理解できない言語です。日本語＝「待つ」言葉、「我慢」する言葉と言えそうです。このような、日本語の特徴を理解し、自分の表現に生かす子どもを育てましょう。

学習指導要領(解説)を見てみよう

1 〔知識及び技能〕の3大要素「言葉」「情報」「言語文化」
2 〔思考力、判断力、表現力等〕の3大要素
　　A話すこと・聞くこと、B書くこと、C読むこと
3 中学校まで含めた系統性で資質・能力をとらえる

　平成29年版学習指導要領で、国語科は大きく変わりました。最も典型的なのが、領域別の構造です。これまでも、少しずつ文言は変化していますが、「話すこと・聞くこと」「書くこと」「読むこと」という領域と〔伝統的な言語文化と国語の特質に関する事項〕を併せて、3領域1事項での構造が長く続きました。

　時には大胆に、「表現」と「理解」という枠組みで学習指導要領が示されたこともあったのですが、長くは続かず、3領域1事項に戻されました。

「大胆に」と書いたのには理由があります。再び、現行の学習指導要領が「大胆に」つくりが変えられたからです。それも他教科と同じつくりに。ある研究者は「ブルドーザーで均されたようなもの」と評していました。さて、どのようなつくりになったのか、見ていきましょう。

1 〔知識及び技能〕の3大要素

　国語科で身に付けたい知識や技能が列挙されています。大きく3つに分けられ、それぞれ「言葉」「情報」「言語文化」がキーワードになっています。内容を簡単に紹介します。

(1) 言葉の特徴や使い方に関する事項

　言葉に関する知識や技能を集めています。わかりやすいのは「漢字」。他に「話し言葉と書き言葉」「語彙」「言葉遣い」「音読、朗読」などが入っています。

(2) 情報の扱い方に関する事項

　共通と相違、考えと理由や事例、原因と結果など、言葉を情報としてとらえます。また、引用や出典の示し方、辞書や事典の使い方、いわゆる思考ツール

の使い方も、この事項に入っています。

（3）我が国の言語文化に関する事項

言語文化として、次のような内容が示されています。

> 低学年：昔話や神話・伝承／長く親しまれている言葉遊び
> 中学年：易しい文語調の短歌や俳句／ことわざや慣用句、故事成語
> 高学年：親しみやすい古文や漢文、文語調の文章／古典について解説した文章

2 〔思考力、判断力、表現力等〕の3大要素

A 話すこと・聞くこと、B 書くこと、C 読むことの3領域に分けられ、領域ごとに指導事項（育てたい力）と言語活動例が示されています。領域ごとのポイントを整理してみましょう。

A 話すこと・聞くこと
①紹介や説明、報告、提案など、相手や目的を意識して公の場で話す
②ただ聞くのではなく、自分の考えと比べ、質問するなど能動的に聞く
③司会などの役割や立場を明確にし、互いを尊重しながら計画的に話し合う

B 書くこと
①説明的な書く：観察、記録、報告、意見など事実と考えを区別して書く
②実用的な書く：日記や手紙、行事の案内やお礼の手紙を書く
③創造的な書く：詩や物語、短歌や俳句などをつくる

C 読むこと
①物語文などを読み、登場人物や場面の様子などを豊かに想像する
②説明文などを読み、筆者の考えや文章の構成などについて考える
③学校図書館を利用し、調べたり考えたりしたことをまとめ、伝える

3 中学校とのつながりを見つめる

義務教育は9年間。学習指導要領は小学校と中学校のつながりが意識されています。例えば、「詩歌や俳句、物語を創作するなど、感じたことや想像したことを書く活動」は、中2の言語活動例ですが、小学校の言語活動例とかなり似ています。中学校の学習指導要領を見てみると、つながりがよくわかります。

最後に、国語には、社会や算数、理科と異なる点があります。それは2学年のまとまりで書かれていることです。国語科では、くり返し同じ力を育み、確固たるものにできるように学習指導要領が構成されています。

4 低学年のポイント

1 「他教科」とつなげ、学びの壁を低くする
2 「身近」とつなげ、生活に近い学びとする
3 キーワードは「順序」 順序を意識して正確に理解する
4 実感を伴いながら言語活動を楽しむ

1 「他教科」とつなげる

　解説には、「低学年においては、（略）他教科等との関連を積極的に図り」や「小学校入学当初においては、生活科を中心とした合科的・関連的な指導や、弾力的な時間割の設定を行うなどの工夫をする」という文言が記されています。生活科の植物の栽培やおもちゃづくりをはじめ、他教科等との関連が図れそうな題材がたくさんあります。リズムにのって言葉遊びをしたり、体を動かしながら劇を演じたり、読んだ物語文を絵に表したり。低学年の子どもは、教科の枠組みよりも学習や活動の内容に目を向けます。だからこそ教科の壁を低くし、内容の関連を積極的に図りましょう。

2 「身近」とつなげる

　他教科とつなげるだけでなく、「身近」な出来事、物事とつなげるのも低学年の特徴です。例えば、〔知識及び技能〕の「語彙」の欄。低学年で増やしたいのは、日常生活や学校で使う頻度の高い「身近なことを表す語句」です。「話すこと・聞くこと」では、話す、聞く、話し合う活動のすべてに「身近なことや経験したこと」などから話題を決めることが示されています。「書くこと」の言語活動例にも「身近なことや経験したことを報告したり、観察したことを記録したりするなど、見聞きしたことを書く活動」が示されています。
　「読むこと」も忘れてはいけません。「考えの形成」の欄には、「文章の内容と自分の体験とを結び付けて」と書かれ、身近な体験と結び付けて感想をもつこ

とが示されています。常に、子どもの「身近」を意識しましょう。

3 キーワードは「順序」

低学年の重要なキーワードは「順序」です！　大きく2通りの順序があります。

①時間の順序：朝→午前中→お昼→午後→夕方→夜／春→夏→秋→冬　など
②事柄の順序：まず→次に→さらに→最後に／第一に→第二に→　など

朝→夕方→お昼→午前中→夜。まず→最後に→さらに→次に。順序が逆転してしまったら、内容を正確に理解することが難しくなります。

この「順序」は、すべての領域で見られる言葉です。

〇話すこと・聞くこと：話す事柄の順序を考える
〇書くこと：事柄の順序に沿って簡単な構成を考える
〇読むこと：時間的な順序や事柄の順序などを考えながら、内容の大体を捉える

「どうぶつ園のじゅうい」「紙コップ花火の作り方」（光村図書）、「すみれとあり」（教育出版）、「たんぽぽ」（東京書籍）などは、順序を学ぶための代表的な教材です。

ちなみに、〔知識及び技能〕の「情報の扱い方に関する事項」にも「共通、相違、事柄の順序など情報と情報との関係について理解すること」と、「順序」という言葉が出てきます。とにかく低学年は、「順序」を意識しましょう。

4 言語活動を楽しむ！

何度も練習したり覚えたりして、同じような教材をくり返し学び、言葉の力を育んだとしても、その能力は長くは発揮されません。そもそも、低学年の子どもたちは、そのような反復練習や実感を伴わない学びに意欲的に取り組んではくれないでしょう。そこで大切になるのが、言語活動です。

（1）「書くこと」の言語活動例

・日記や手紙を書くなど、思ったことや伝えたいことを書く活動。

・簡単な物語をつくるなど、感じたことや想像したことを書く活動。

（2）「読むこと」の言語活動例

・読み聞かせを聞いたり物語などを読んだりして、内容や感想などを伝え合ったり、演じたりする活動。

手を動かし、口を動かし、体を動かし、実感を伴いながら楽しんで言語活動に取り組む。その中で、知識や技能を身に付け、言葉の力が育まれます。

5 中学年のポイント

1 低学年の学びを土台にし、高学年へつなぐ
2 他教科、領域とより関連させる
3 思考するためのキーワードが盛りだくさん
4 他教科等、日常生活にも生きる学習内容が加わる

1 低学年の学びをパワーアップ！

　野球に例えてみましょう。低学年は先発ピッチャー、試合の土台をつくります。高学年はリリーフピッチャー、試合を締めくくります。中学年は先発ピッチャーから託されたバトンをしっかりとリリーフピッチャーにつなぐ中継ぎ投手のような役割です。低学年の学びを生かし、よりパワーアップさせて、高学年の学びへと導く重要な役割を担っています。〔知識及び技能〕の「文や文章」のキーワードを挙げて、低学年からのパワーアップを具体的に見てみましょう。

> 低学年：主語と述語
> 中学年：主語と述語、修飾語と被修飾語、指示語、接続語、段落

　低学年で学んだことをもとに、新たな要素を加え、学びをパワーアップさせていくのが中学年だとわかります。

2 他教科・領域とより仲よく

　低学年では、生活科を中心に、いろいろな教科と合科的に学ぶことが必要だと述べました。中学年も引き続き、他教科・領域と仲よくしましょう。関連させることができそうな項目を学習指導要領から探してみます。

> ①読書：読書が、必要な知識や情報を得ることに役立つことに気付くこと
> ②書くこと（言語活動例）：
> 　・調べたことをまとめて報告するなど、事実やそれを基に考えたことを書く
> 　　活動

・行事の案内やお礼の文章を書くなど、伝えたいことを手紙に書く活動
③読むこと（言語活動例）：
・学校図書館などを利用し、事典や図鑑などから情報を得て、分かったことなどをまとめて説明する活動

いかがでしょうか。このような活動は、社会科や理科、総合的な学習の時間との相性がバッチリです。

社会科や総合的な学習の校外学習などでお世話になった方へお礼の文章や手紙を書く姿が思い浮かびます。ちなみに、社会科と関連して、学年別漢字配当表の4年生に新たに加えられた漢字は、「茨 媛 岡 潟 岐 熊 香 佐 埼 崎 滋 鹿 縄 井 沖 栃 奈 梨 阪 阜」の20字です。何かわかりますか？ そうです、すべて県名で使われている漢字です。4年生社会科の都道府県についての学習に関連しています。

3 キーワードが盛りだくさん

中学年には、目的、比較や分類、考えと理由や事例、中心、構成。覚えておきたいキーワードがたくさんあります。まず、すべての領域で「目的」という言葉が登場します。「何のために？」を常に子どもたちと共通理解しましょう。目的が明確になると集めた材料を「比較や分類」し、話したり書いたりする内容を選ぶことができます。

次に「考えと理由や事例」。これもすべての領域で登場するキーワードです。考えに説得力をもたせるには、理由や事例が必要だと学びます。
「中心」もすべての領域で見られるキーワード。「はじめ—中—終わり」といった構成を理解し、その中で内容の「中心」に目を向けるのが中学年です。

4 これは使える！ 初登場の学習内容

最後に、中学年で初登場の学習内容を押さえておきます。どれも他教科・領域、日常生活でも使える〔知識及び技能〕です。
(1) ローマ字：ICTが導入される中、タイピングにも関係します
(2) 辞書や事典の使い方：辞典や事典が身近な存在になるように導きます
(3) 引用や出典の示し方：引用や出典を正しく表す技能は一生使います。しかし、なかなか身に付きません。中学年でくり返し学習しておきましょう

6 高学年のポイント

1 言葉の働きを理解する
2 表現の工夫を理解する
3 言葉を情報としてとらえる
4 中学校への架け橋

　高学年は、小学校での学びの集大成であり、中学校での学びへの第一歩でもあります。どのようなポイントがあるのか、確認しましょう。

1 コミュニケーションツールとしての言葉の働き

　言葉には、さまざまな働きがあります。低・中学年では、実際の物や事、出来事などを伝えたり、考えたことや思ったことを伝えたりする働きを学びます。そのうえで、高学年では「言葉には、相手とのつながりをつくる働きがある」ことに目を向けます。私たちは言葉を用いてコミュニケーションをとり、言葉を通して他者と心をつなげます。言葉の大切な役割を、あらためて見つめるのが高学年です。

2 表現の工夫と効果

　低・中学年で話したり聞いたり、書いたり読んだりする基本を学んだ子どもたち。その基本を踏まえたうえで、どのように表現を工夫すれば、より相手に思いや考えが伝わるのかを考える目を養います。例えば、どんな表現の工夫があるでしょう。表現の工夫に当てはまりそうな文言を並べてみます。

①比喩や反復などを用いる
②目的や意図に応じて簡単に書いたり詳しく書いたりする
③引用したり、図表やグラフなどを用いたりする

　どんな表現の工夫があり、その工夫がどんな効果を生み出すのかを考えるために、「読むこと」の指導事項には「表現の効果を考える」ことが示されてい

ます。表現の工夫は、プレゼンテーションの技能にも関係します。大人になっても必要な技能の基礎を培います。

3 情報としての言葉

　高学年では、言葉を「情報」としてとらえる目も養います。画像や映像などとともに、言葉も私たちにとって重要な情報源です。私たちの周りには言葉という情報が数多く散乱しています。言葉と言葉に似たところを見つけたり、言葉同士をまとめる観点を見いだしたりして関係付ける方法を学ぶのが高学年です。また、図などを用いて情報の関係を表す術を学ぶのも高学年です。「図など」とは、例えば思考ツールを指します。思考ツールは、ベン図やイメージマップ、マトリクス、座標軸などよく用いられるものから、KWLチャート、フィッシュボーンなど使い方が限定されているものまで多様です。思考ツールは言葉を情報としてとらえるのに便利です（思考ツールについては第6章Q13を参照）。

4 中学校への架け橋

　小学校と中学校には校種の壁があります。小学校の先生で中学校の教科書を読んでいる人は多くはなく、中学校の先生も小学校でどのような学習経験を積んできたのか知らないことが多いようです。小学校と中学校に、国語科の学びの橋を架けてほしいと願っています。以下、高学年と中学校1年の学習内容です。

（1）表現の技法
高学年：比喩や反復などの表現の工夫に気付く
中　　1：比喩、反復、倒置、体言止めなどの表現の技法を理解し使う

（2）情報と情報との関係
高学年：原因と結果など情報と情報との関係について理解する
中　　1：原因と結果、意見と根拠など情報と情報との関係について理解する

（3）話すこと・聞くこと
高学年：資料を活用するなどして、自分の考えが伝わるように表現を工夫する
中　　2：資料や機器を用いるなどして、自分の考えがわかりやすく伝わるように表現を工夫する

　古文や漢文の学習をはじめ、学習する内容や題材が重なっており、高学年の学びがもとになって中学の学びが想定されている単元は随所に見られ、高学年が中学校への架け橋であることがよくわかります。

7 国語科における「個別最適な学びと協働的な学び」

1 「指導の個別化」と「学習の個性化」がある
2 「協働的な学び」で多様な他者と共に学びを創り上げる
3 国語科における「個別最適な学び」
4 国語科における「協働的な学び」

1 そもそも「個別最適な学び」とは？

　新しい時代の学校教育の姿として「全ての子どもたちの可能性を引き出す、個別最適な学びと、協働的な学びの実現」が提言されています（令和3年答申）。「個別最適な学び」は、「指導の個別化」と「学習の個性化」の2つに分けられます。それぞれ、どのような学びなのか簡単にまとめてみましょう。

（1）指導の個別化

　①すべての子どもが、一定の目標を達成することを目指す

　②教師は、学習の進度や到達度等に応じ、指導方法・教材、時間等を変える

　③ICTを活用し、学習状況を把握したり適した学習方法を提示したりする

（2）学習の個性化

　①一人一人の子どもが、自らの興味・関心に応じた異なる目標の達成を目指す

　②一人一人の子どもが、どのような方向性で学習を進めればよいかを考える

　③教師は、さまざまな学習活動や学習課題を提供し、選択する機会を設ける

　（1）指導の個別化と（2）学習の個性化の大きな違いは目標です。（1）は全員が同じ目標を達成するのですが、その中で一人一人に応じた個別の指導を行います。（2）はその時間の目標が一人一人異なります。教師はどのような目標を立てればよいのか、その目標を達成するためにはどのような学習課題や学習活動を設定すればよいのか、情報を提供します。（1）はイメージしやすいですが、（2）は具体的なイメージがわきにくいですね。これが今後必要とされる学びの姿、一斉学習からの脱却です。

2 そもそも「協働的な学び」とは?

「協働的な学び」とは、子ども同士で、あるいは地域の方々をはじめ多様な他者と共に創り上げる学びです。子どもは集中力が続かず、一人で課題を解決する術を多くはもっていません。学びを広げ、深め、確かなものにするためには、他者の役割が重要です。特に「学習の個別化」では、一人一人の子どもが異なる目標で学習を進めるため、行き詰まったり、この先どのように進めればよいのか迷ったりすることがあるでしょう。そのマイナスを解消できるのが協働的な学びです。また、「学習の個別化」によって、一人一人が得たことを共有し、分かち合い、自己肯定感を高めることができるのも協働的な学びです。

3 国語科における「個別最適な学び」

書くことを例に「個別最適な学び」を考えましょう。これまでの書くことの学習は、集団での一直線の山登りでした。毎時間、学習活動が決まっており、取材→構成→記述→推敲→共有と学びが進みます。でも実際は、取材に時間をかけたい子もいます。記述に時間がかかる子もいます。推敲段階で字の間違いを見つける子もいれば、取材をやり直したいと思う子もいます。取材から推敲までで6時間。その時間の使い方は自分で決める。そんな怖いことはできないと思う先生もいるでしょう。ところが、いざ委ねてみると、子どもは「この時間、自分は何をすべきか」を考えるようになります。それが、主体的な学びの姿につながります。でも、そんなに簡単ではありません。以下の2点には注意しましょう。

①その時間に、一人一人がどんな目標を立て、どんな活動をするのか。それを教師が把握していないと、「活動あって学びなし」になる可能性が高まる
②子ども一人一人が、取材、構成、記述、推敲、共有の力をある程度もっていないと、どんな活動をすればよいのか判断できず、無駄に時間が過ぎていく

4 国語科における「協働的な学び」

話したこと、書いたことが適切か、わかりやすいのかを判断するのは誰か。聞き手、読み手です。話すも書くも他者評価。同様に、説明文を読んで理解した内容が正しいのか、物語文を読んで想像したことは独創的なのか、判断するためには、他者と比べる必要があります。言葉の学びは、他者なくして成り立ちません。他者と学び合う楽しさ、大切さが実感できる学習を目指しましょう!

8 国語科における「主体的・対話的で深い学び」

1 そもそも「主体的・対話的で深い学び」とは？
2 「主体的な学び」を生み出す
3 「対話的な学び」を生み出す
4 「深い学び」がゴールではない

1 「主体的・対話的で深い学び」とは？

『小学校学習指導要領解説　総則編』には、以下のような文言が見られます。

> ①　学ぶことに興味や関心を持ち、自己のキャリア形成の方向性と関連付けながら、見通しをもって粘り強く取り組み、自己の学習活動を振り返って次につなげる「主体的な学び」
>
> ②　子ども同士の協働、教職員や地域の人との対話、先哲の考え方を手掛かりに考えること等を通じ、自己の考えを広げ深める「対話的な学び」
>
> ③　習得・活用・探究という学びの過程の中で、各教科等の特質に応じた「見方・考え方」を働かせながら、知識を相互に関連付けてより深く理解したり、情報を精査して考えを形成したり、問題を見いだして解決策を考えたり、思いや考えを基に創造したりすることに向かう「深い学び」

2 「主体的な学び」が目指す子どもの姿

「主体的な学び」とは、以下のような子どもの学びの姿といえます。

①学ぶことに興味や関心をもつ姿

②見通しをもって粘り強く取り組む姿

③学習活動を振り返って次につなげる姿

　話すこと・聞くこと、書くことの活動は、何のために、誰に向けて話したり書いたりするのか、目的と相手が明確です。そのため見通しをもって、ゴールに向けて粘り強く取り組む子どもの姿が生まれやすいといえます。

注目したいのは、③学習を振り返って「次につなげる」という表現です。国語科の学びは、系統性が見えにくいといわれます。例えば、4年生を受け持ったとします。はじめに出合う物語文は、「白いぼうし」です。その際、3年生までに子どもたちが出合った物語文に目を向け、どのような力を育んできたのかを考えていますか。また、「白いぼうし」での学びが、その後の物語文の学びにどのようにつながるのかを確かめていますか。子どもたちが「次につなげる」主体的な学びを生み出すためには、教師の教材研究が欠かせません。

3 「対話的な学び」が目指す子どもの姿

　対話＝子ども同士。そのイメージが広がり、グループ活動が盛んに行われています。それは悪いことではありません。中学年の「読むこと」の力の1つに「文章を読んで感じたことや考えたことを共有し、一人一人の感じ方に違いがあることに気付くこと」が挙げられています。一人一人の感じ方に違いがあることに気付くために、他者との対話が欠かせません。ちなみに、対話とは「得をすること」です。他者から新しい知識や考え（情報）を得るのが頭の得。同じ考えや根拠と出合い、自信が芽生えるのが心の得。得が何もないのは単なる会話、おしゃべりです。

　さて、他者との対話のほかにも、教材との対話、自分との対話という考え方があります。物語文にも説明文にも内容があります。その内容を受け止め、共感したり疑問が生まれたり。教材と静かな対話をしているイメージです。また、文章を通して作者や筆者の思いや考えが伝わってくることがあります。その思いや考えに納得したり反発したり。では、なぜ共感や納得、反発が生まれるのか。それは教材を通して自分自身と向き合っているからです。私たちは文章を読み、常に心を動かされています。まさに文章を介して、心の中で、頭の中で、自分との対話を行っているのです。

4 いつの間にか「深い学び」に?!

「深い学び」の文言をもう一度見てみましょう。知識を相互に関連付けてより深く理解するためには、「次につなげる」主体的な学びが必要です。情報を精査して考えを形成するためには、他者から情報を得る対話的な学びが必要です。深い学びは「向かう」学び。ゴールではなくプロセスです。主体的・対話的な学びの中で、子どもは深い学びを生み出していると考えましょう。

子どもが成長を実感できる学びづくり

「先生、逆上がりができた！」「いろんな図形の面積が求められるようになったよ」知識や技能の習得は目に見えやすく、子ども自身が成長を実感しやすいですね。国語科だったら漢字練習が代表的です。

しかし、思考力や判断力、表現力はどうでしょうか。自分の考え方、判断や表現の仕方がよかったのか、自分ではなかなか判断できません。

次のような、自分の成長を実感した表現に出合うために必要なのは、教師の価値付けです。

「①生き物について調べたことを話すとき、前よりも順序に気を付けることができた」「②大事な言葉は何かな、と考えながら友達の発表を聞くことができた」「③意見文を書くときに、段落のつながり方や必要な資料を考えることができた」「④『ごんぎつね』を読むとき、ごんの気持ちがどのように変化したのかを考えることができた」

今度は、「主体的に学習に取り組む態度」について考えてみましょう。大人でも、自分が粘り強く取り組めているのか、見通しをもって活動を進められているのか。非認知能力といわれる力を自覚するのは難しいものです。子どもにとって必要なのは、やはり教師の価値付けです。

48か国の教師を対象にしたOECDの調査があります。「児童生徒に勉強ができると自信をもたせている」「児童生徒が学習の価値を見出せるよう手助けをしている」という項目に対して、「はい」と回答した日本の教師の平均は、48か国の平均より40〜60％も低い結果となりました。ちなみに48か国の平均は、80％を大きく上回っています。

子どもが自らの学びを、自らの成長を実感するためには、教師の価値付けが欠かせません。子どもが、先の①〜④のような実感を得るために、教師がその単元、その時間の目標を理解し、期待する姿を思い描き、それに沿った子どもの姿を見取り、価値付ける力量が必要なのです

先の調査に自信をもって「はい！」と言える教師でいたいですね。

第 2 章

国語の
授業準備

① 授業準備、最初の一歩

1 「教材」の前に「素材」として向き合う
2 外部情報を踏まえ、教材化を構想する
3 「教材」と向き合い、各時間のねらいを焦点化する
4 まずは、自分でやってみる

　忙しい日々の中、授業準備を行うのは大変です。まずは、気楽な気持ちで素材に向き合いましょう。次に外部情報を得て、その素材が教材としてふさわしいのかを判断します。そのうえで、まずは自分でやってみる。ここまでたどり着いたら授業準備の最初の一歩がしっかり踏み出せたといえます。

1 「教材」の前に「素材」あり

　授業準備のスタートは、「素材」研究です。「教材」という言葉は、「教えるための材」を意味します。はじめから「教材」ととらえると、何を教えるのかに目が向きます。料理に例えるならば、素材の持ち味を知ろうとせず、どのように味付けをするのか、調理するのかに目を向けている状態です。
「教材」としてとらえる前に「素材」としてとらえましょう。「教える」ことを抜きにして、教師としてではなく、一個人としてその題材に向き合ってみましょう。一個人として物語文を読む。楽しかったですか。つまらなかったですか。一個人として説明文を読む。新たな知識を得て、「へえ」「なるほど」と思いましたか。筆者の考えに納得しましたか。その題材、あなたは話したいですか。文章に表したいですか。

　きっと子どももあなたと同じように感じます。授業準備の一歩目は、「教材」としてとらえる前に「素材」として題材を見つめる意識をもつことです。

2 外部情報を踏まえ、教材化を検討する

　次にやるべきことは、外部情報を入手することです。その素材が優秀な教材

となるか、運命の分かれ道です！　外部情報として代表的な2点を紹介します。

（1）その単元で育みたい力

　教師用学習指導書や別冊（朱書編）には、必ずその単元の目標が記されています。その単元で育みたい知識や技能、言葉の力は何ですか？　その素材は、その知識や技能、言葉の力を育むのに適していますか？

（2）単元間のつながり

　これから取り組む単元に関連する単元を探します。前に、同じ知識や技能、言葉の力を育んだ単元はありませんでしたか？　学習指導書や教科書会社のHPなどで調べ、確かめましょう。学習指導要領では、国語科は、低・中・高学年のまとまりで書かれています。2・4・6年を受け持っている先生は、1・3・5年の単元に気を配りましょう。関連する単元が見つかるはずです。

3　単元の流れをイメージ

　外部情報も踏まえ、「教材」としてふさわしいと判断したら、「話すこと・聞くこと」「書くこと」では、大まかな単元の流れをつかみましょう。「読むこと」ならば、学習の手引きをもとに活動の内容を確認し、文章を読んでみましょう。

　ここで重要になるのが「焦点化」です。知識や技能、言葉の力を育むのは何時間目ですか？　単元のすべての時間ではないはずです。この時間は子どもが知識や技能を習得できるように！　この時間は子どもが言葉の力を身に付けられるように！　特に指導に力を入れる時間を「焦点化」します。すべての時間に全力で子どもを見取るのは理想ですが、現実的はありませんし、余計な時間数をかけてしまうことにつながります。「焦点化」を意識してください。

4　教師自身が言語活動する

　中学年の説明文の学習に「要約」があります。ある教科書の学習の手引きを見てみると、200字以内で要約することが示されています。でも、本当に200字必要なのでしょうか。100字や300字ではだめなのでしょうか。

　低学年では、乗り物に関する説明文を読み、その構成を生かして、自分でも乗り物を説明する文章を書く単元がよく実践されます。子どもが選んだその乗り物は、説明文の構成を生かすのに適しているでしょうか。まずは教師自身で試してみないとわからないことがたくさんあります。

　まずは自分でやってみる。授業準備の大切な一歩です。

2 教科書のつくりを知ろう

1 単元名で育てたい力を確認する
2 単元配列の意図を知り、系統を意識する
3 学習の手引きを取捨選択する
4 教科書を目の前の子どもの実態に応じて活用する

1 単元名と教材名のちがい

　年間にたくさんの学習指導案を読ませてもらいます。「スイミー」「ごんぎつ
ね」「大造じいさんとガン」などの物語文、「ビーバーの大工事」「くらしの中
の和と洋」「タンポポのちえ」「『鳥獣戯画』を読む」などの説明文。これらは
教材名であって、単元名ではありません。例えば、教科書ごとに「大造じいさ
んとガン（がん）」の単元名を比べてみましょう。育みたい力が異なることが
わかります。

光村図書：登場人物の心情の変化に着目して読み、物語のみりょくを伝え合おう
東京書籍：人物像について考えたことを伝え合おう
教育出版：物語のやま場を見つけ、読みを深めよう

　単元とは、学習のまとまりを表し、どのような活動をし、どのような言葉の
力を育むのかを知らせるものです。そして、その単元にふさわしい教材として
選ばれたのが教材です。大きな文字で書かれた教材名に目がいきがちですが、
その横に静かに佇む単元名こそが大切です。「話すこと・聞くこと」「書くこと」
の単元も同様です。まずは、単元名と教材名を区別しましょう。

2 なぜ、そこにその単元が?!

　教科書の配列を意識したことがありますか？　光村図書の3年の説明文は、「こ
まを楽しむ」→「すがたをかえる大豆」→「ありの行列」と続きます。4年の物語
文は、「白いぼうし」→「一つの花」→「ごんぎつね」→「友情のかべ新聞」→「ス

ワンレイクのほとりで」。この単元配列にはどのような意図があるのでしょうか。

　すぐにわかるのが季節感です。「白いぼうし」は爽やかな初夏が舞台の物語です。「一つの花」は終戦と、季節感を背負った作品が続きます。

　大切なのが知識や技能、言葉の力のつながりです。「こまを楽しむ」で「はじめ—中—終わり」を学んだ子どもが、その学びを生かせるように「すがたをかえる大豆」が用意されています。その構成を発展させるのが「ありの行列」です。実験・観察と研究に分けられ、「中」が膨らんでいきます。物語文ならば、3年の「モチモチの木」で登場人物には性格があることを学んだ子どもが、「白いぼうし」の松井さん、「ごんぎつね」のごん、「スワンレイクのほとりで」の歌とグレンの性格を想像するように、単元がつながっています。

「話すこと・聞くこと」「書くこと」の領域であれば、学校行事や他教科・領域の学習とのつながりが意識されていることが多くあります。

3　活動と難易度を吟味する

　どの教科書会社でも、各単元をどのように進めるのか、学習の手引きが載っています。通常、物語文や説明文では教材文の後に載っています。「話すこと・聞くこと」「書くこと」では、学習の流れそのものが手引きになっています。

　さて、この手引きですが、大きく2つほど問題点を抱えています。

①すべてやらないといけない！と焦りを生む

②こんな高度な学習は無理！と焦りを生む

　この「焦り」、教師にけっこうなダメージを与えます。教科書は、日本全国の子どもが使用することを想定してつくられています。子どもの実態に応じて、先生が単元展開を工夫できるようにさまざまな学習活動を載せています。どの活動に力を入れるべきか目の前の子どもの実態を見取り取捨選択を考えましょう。

　また国語は、「活動」を通して「言葉の力」を育む教科です。「活動」はあくまで「言葉の力」を育むための手段です。子どもにとって活動の難易度が高ければ低くして構いません。

4　教科書はよくできた参考書

　教科書はよくできています。しかし、すべての子どもにとって万能ではありません。教科書の教材や活動を参考にしつつも、それに縛られ過ぎず、あくまで目の前の子どもの実態に合わせて柔軟に活用する意識をもちましょう。

3 教材研究の方法を知ろう

1 物語文の教材研究、まずはこれから
2 説明文の教材研究、まずはこれから

　いざ、教材研究を始めようと思っても、何から始めたらよいのかわからない先生も多いでしょう。ここでは、物語文と説明文の教材研究を行う際、やってみてほしいことを5つずつ紹介します。

1 物語文の教材研究、まずはこれから

（1）登場人物ごとに色を分け、行動に線を引く

　登場人物が何をしているのか、まずは線を引きます。できれば、登場人物ごとに違う色にすると、その場面が誰を中心に書かれているのかがわかります。

　登場人物の行動がわかると、そのときの気持ちや、登場人物の性格がイメージできます。どなるという行動からは怒っている気持ちが想像できます。大声で笑っていることが多ければ、明るく元気な性格だと想像できますね。

（2）場面の様子がわかる表現を見つける

　場面をとらえる基本は、「いつ」「どこ」「だれ」です。「いつ」に目を向けると、なぜこの場面が夏なのか、夜なのか、と疑問がわいてきます。お話の期間も考えてみましょう。数十分のお話もあれば、10年以上に及ぶお話もあります。

（3）オノマトペと色に注目する

「にこにこ笑う」と「にやにや笑う」。「真っ青な顔」と「真っ赤な顔」。読者が想像する登場人物の気持ちは真逆かもしれません。「風がビュービュー吹く」と「風がそよそよ吹く」。「白い旗がなびいている」と「黒い旗がなびいている」。読者が思い浮かべる場面の様子は真逆かもしれません。オノマトペと色は、行動にも場面の様子にも影響を与えるので、要チェックです。

（4）なくてもよい言葉を削ってみる

> 緑がゆれているやなぎの下に、かわいい白いぼうしが、ちょこんとおいてあります。（「白いぼうし」4年）

　下線の言葉がなくても文は理解できます。しかし、下線の言葉があることで、場面の様子が鮮やかに浮かんできませんか。物語文は、言葉という洋服や宝石を着飾った人のようなもの。一度、洋服を脱ぎ捨て、宝石を外し、裸の状態にしてみると、作者がどのような言葉で文章を装飾したのかがわかります。

（5）物語を一文で表してみる

> （　　）が、（　　）によって、（　　　　）した（になった）話。

　最後に、物語を一文で表してみましょう。できれば5文くらい。その物語の中心人物、内容の大体、山場、全体像などが多様に見えてきます。

2 説明文の教材研究、まずはこれから

（1）何度も出てくる言葉を見つける

　何度も出てくる言葉は、その文章のキーワードになりやすいものです。題名に使われている言葉が、文章中に何回出てくるのかも確かめてみましょう。

（2）文末に線を引く

　「のです」「と思います」「かもしれません」。文末は筆者の考えの強さを表します。まずは、強い文末「のです」を探してみましょう。現在形と過去形に注目するのもよいでしょう。その文が実験の結果などの事実なのか、筆者がわかったことや考えたことなのか、大まかに判断できます。

（3）問いと答え／はじめ—中—終わりを見つける

　1～3年では、読者をひきつけるために「問い」が明示されているものが多いです。中学年になると、「はじめ—中—終わり」の構成が明確になっています。

（4）事例の順序を考える

　筆者は、何かを伝えるために文章を書いています。その思いや考えに説得力をもたせるために事実を記します。考えのための具体例を「事例」と言います。事例がいくつか並んでいた場合、なぜその順序なのか考えてみましょう。

（5）図や表、写真や絵などが必要かを考える

　説明文教材は、必ず図や表、写真や絵が文章とともに載っています。本当に必要なのか、何のために掲載されているのか、考えてみましょう。図や表、写真や絵は、子どもの文章理解に影響を与えるため、要チェックです。

4 〔知識及び技能〕の授業準備

1 3領域と併せて必要感をもった学習を構想する
2 他教科や日常生活との接点を探る
3 帯単元の中でくり返し学習し定着を目指す

1 3領域とコラボした単元づくり

〔知識及び技能〕を主に育む単元でも、それだけを取り立てて学習することは避けましょう。〔知識及び技能〕というと、覚えること、身に付ける技に目が向いてしまい、どうしても反復して覚えたりできるようになったりすることを目的とした学習になりがちです。「話すこと・聞くこと」「書くこと」「読むこと」の単元の中で、必要感をもって〔知識及び技能〕を身に付けられることが理想的です。以下の〔知識及び技能〕は、物語文や説明文の学習や、話したり書いたりする内容を収集する活動の中で身に付けられそうだと思いませんか？　まずは、3領域とコラボできるかを見極めましょう。

低学年
①文の中における主語と述語との関係に気付く
②共通、相違、事柄の順序など情報と情報との関係について理解する

中学年
①様子や行動、気持ちや性格を表す語句の量を増し、話や文章の中で使う
②幅広く読書に親しみ、読書が、必要な知識や情報を得ることに役立つことに気付く

高学年
①比喩や反復などの表現の工夫に気付く
②原因と結果など情報と情報との関係について理解する

---

2 他教科や日常生活との接点

　3領域と関連が図りづらい〔知識及び技能〕もあります。その場合、他教科や日常生活との接点を探り、できるだけ必要感や興味・関心が芽生えるように配慮します。例えば、以下は、子どもの日常生活との接点が見いだせる項目です。

低学年：長く親しまれている言葉遊び

中学年：必要な語句などの書き留め方、引用の仕方や出典の示し方
　　　　　長い間使われてきたことわざや慣用句、故事成語

高学年：日常よく使われる敬語
　　　　　時間の経過による言葉の変化や世代による言葉の違い

3 単発単元から帯単元へ

「私の夢は、学校の先生になります。」

　この一文は、主語と述語がねじれてしまっています。「私の夢は、学校の先生になることです。」または「私は、学校の先生になることが夢です。」などと直せば、主述が一致します。このような文を正しく直せない子どもが意外に多いことがわかっています。それは、「主語と述語」の関係を学ぶ機会があまりに少ないことと関係がありそうです。〔知識及び技能〕は、1回の学習で習得できたとしてもすぐに活用したり定着したりすることが難しいものです。だからこそ、単発単元で終わらせず、帯単元へ。定着を図るため、くり返し学習することが必要な事柄をいくつか挙げてみましょう。

低学年：長音、拗音、促音、撥音などの表記、助詞の「は」「へ」及び「を」
　　　　　の使い方、句読点の打ち方、かぎ（「　」）の使い方
　　　　　語のまとまりや言葉の響きなどに気を付けて音読する

中学年：主語と述語との関係、修飾と被修飾との関係、指示する語句と接続する語句の役割、段落の役割
　　　　　ローマ字で表記されているものを読み、ローマ字で書く

高学年：文の中での語句の係り方や語順、文と文との接続の関係
　　　　　情報と情報との関係付けの仕方、図などによる語句と語句との関係の表し方

　一生使う言葉の〔知識及び技能〕は、根気強く育みたいものですね。

5 「話すこと・聞くこと」の授業準備

1 話すこと、聞くこと、話し合うことの3つを意識する
2 子どもにとって身近な題材を教材とする
3 その場で褒める構えをもつ
4 〔知識及び技能〕との関連を図る

1 話すこと、聞くこと、話し合うこと

　話したり聞いたりすることは、最も身近で実生活に結び付いた言語活動です。だからこそ、私たちは自分の話し方や聞き方に意識を払うことが少ないのではないでしょうか。そこに目を向け、自分の話し方や聞き方を意識するのが、この領域です。

　さて、「話すこと、聞くこと」といっても日常生活のおしゃべりとは違います。話すことでは、紹介、説明、報告、意見、提案など、プレゼン能力に近い力の育成が求められています。聞くことは、インタビューを想起するとよいでしょう。じっくり聞きます。でも聞くだけでなく、質問したり考えを述べたりします。

　もう一つは、話し合うこと。司会や記録などの役割を学び、最終的には互いの立場を尊重しながら計画的に話し合う力を育みます。結論を出すために話し合うという点では、特別活動の話し合いと同じように見えますが、あくまで話し合う力を育むために行います。そのため、必要があれば、勇気をもって話し合いを止め、話し合い方の指導や助言をしましょう。

2 その題材、子どもは話したいですか？　聞きたいですか？

　子どもは何を話したり聞いたり、話し合ったりするのでしょう。教科書を見てみると…その題材、子どもは話したいですか？　聞きたいですか？と疑問に思うものも中にはあります。算数ではたし算や、平行四辺形を学ばないわけにはいきません。社会科ならば、農業や工業、歴史を学ぶのは必須です。理科で

も、目の前の子どもが興味を抱きそうにないから、と水溶液の性質を学習しないわけにはいきません。

　では、国語科はどうでしょう。教科書の題材が目の前の子どもの実態と合っていなければ、子どもの身近な題材を教材に変えましょう。学習指導要領には、「日常生活の中から話題を決め」と書かれています。1年と3年の子どもたちの実態をもとに、教科書の「おすすめの一さつを決めよう」という単元を、「おすすめの〇〇を決めよう」として、3年が1年に、本だけでなく、みんなが楽しくなる遊びや歌を紹介する単元に発展させた実践を参観しました。自分たちが1年生に教えてあげたい「おすすめの〇〇」を真剣に話し合っている3年の子どもたちの姿が印象的でした。題材を子どもの実態に合わせた好例です。

3　目に見えない、すぐ消える　その場で褒める構え

　授業準備の3点目は、「その場で褒める構え」をつくることです。話した言葉は目に見えず、すぐに消えていきます。それが書くこととの大きな違いです。

　さらに、話はどんどん進むので、自分が発した言葉に立ち止まっている暇はありません。そして、子どもは、自分が発した言葉を忘れていきます。だからこそ、その場ですぐに褒めてあげることが必要です。

　授業を始める前に、どんな子どもの話し方、聞き方、話し合い方を褒めるのか。単元の目標に照らし合わせ、できるだけ具体的に褒める構えをつくりましょう。チャンスを逃すと、話し言葉はどんどん消え去っていきます。

4　〔知識及び技能〕との関連

　授業準備の一つとして、どんな〔知識及び技能〕を身に付けられるのかを考えます。次のような事柄は、話すこと・聞くことの学習と相性がよさそうです。

> **低学年：**音節と文字との関係、アクセントによる語の意味の違いなどに気付くとともに、姿勢や口形、発声や発音に注意して話すこと。
> **中学年：**相手を見て話したり聞いたりするとともに、言葉の抑揚や強弱、間の取り方などに注意して話すこと。
> **高学年：**言葉には、相手とのつながりをつくる働きがあることに気付くこと。話し言葉と書き言葉との違いに気付くこと。

　話すこと・聞くことの活動の中で、話し言葉の特徴を理解したり、言葉によって友達とのつながりを実感したりし、〔知識及び技能〕を身に付けます。

⑥ 「書くこと」の授業準備

1 3つの系—説明、実用、創作で書く
2 子どもにとって身近な題材を教材にする
3 書く目的と読んでもらう相手を具体的にする
4 最終ゴールを知る

1 3つの系—説明、実用、創作

「書く」と一言でいっても、さまざまな「書く」があります。大きく3つに分けると、説明系、実用系、創作系になります。

（1）実用系

最もわかりやすいのが実用系。日常生活に直接的に役立つように設定されています。低学年と中学年を見てみましょう。

> 低学年：日記や手紙を書くなど、思ったことや伝えたいことを書く活動
> 中学年：行事の案内やお礼の文章を書くなど、伝えたいことを手紙に書く活動

日記や手紙、行事の案内などは、日常生活で使える「書く」です。お礼の文章は、総合的な学習の時間で訪問したお店や施設に届けてもよいですね。それを意図して中学年に設定されています。

（2）創作系

次に創作系を取り上げます。想像世界を楽しみ、その子らしさが存分に表現される「書く」です。低・中・高学年を並べてみます。

> 低学年：簡単な物語をつくるなど、感じたことや想像したことを書く活動。
> 中学年：詩や物語をつくるなど、感じたことや想像したことを書く活動。
> 高学年：短歌や俳句をつくるなど、感じたことや想像したことを書く活動。

物語や詩、短歌や俳句など、その子の生活や経験、考えや思い、アイデアが発揮されるとよいですね。存分に楽しみたい「書く」です。

（3）説明系

　最後に説明系。最も単元数が多いのがこの系です。

> **低学年：**身近なことや経験したことを報告したり、観察したことを記録したりするなど、見聞きしたことを書く活動。
>
> **中学年：**調べたことをまとめて報告するなど、事実やそれを基に考えたことを書く活動。
>
> **高学年：**事象を説明したり意見を述べたりするなど、考えたことや伝えたいことを書く活動。

2　その題材、子どもは書きたいですか

　どの系にしても、子どもはその題材に興味・関心をもち、書く必然性や切実感を抱いているでしょうか。例えば、地球温暖化など環境問題に関する意見文、伝統工芸品に関する紹介文、日本文化に関する報告文などを書く単元を参観することがありますが、その題材について、進んで書こうとしている子どもは少なく感じます。

　地球環境はよくわからず、実感もわかないけれど、学校や地域の環境ならば、目に見えているし、改善したくなる。県内の伝統工芸品は身近ではないけれど、地域の伝統的なお祭りならば自分も参加している。

　話すこと・聞くことと同じように、教科書の題材が目の前の子どもの実態と合っていないのであれば、子どもの身近な題材に変更することが可能です。

3　目的と対象（相手）を設定

　さて、題材は決まったとして、何のために書くのでしょうか。「知ってほしい」「改善したい」「みんなにも参加してほしい」。さまざまな目的が考えられます。まずは目的を明確にしましょう。そのうえで、誰に読んでもらうのかを考えましょう。相手は大きく分けて、4通りあります。どの相手を想定しますか。

　①学級・学年の人たち　②学校にいる人たち（他学年、教職員の皆さん）
　③学校外で顔を合わせる人たち　④学校外で顔を合わせない人たち

4　目指したい子どもの姿

　書くことの学習の最終ゴールは、全学年を通して、「自分の文章の内容や表現のよいところを見つけること」です。書くことに苦手意識を抱いている子が自分の文章のよさを見つけられる。そんな単元になるとよいですね。

7 「読むこと」(物語文)の授業準備

1 物語の成り立ちを知る
2 子どもの学習経験を把握する
3 とらえる読み方と、想像する読み方を区別する
4 「イエ」を建てて「オカ」に登る

1 物語の作品背景を調べる

本文に入る前に、その物語文にまつわる周辺情報を集めましょう。

①作者は誰？
②いつ、どのようなかたちで発表された？
③原典と教科書教材は同じ？

図書館や書店をのぞくと、作家ごとに本が並んでいることが多いです。①で作者を確認することで、今後その作家の本を手に取る可能性が膨らみます。

次に②を確認しましょう。例えば、「大造じいさんとガン」の成立はいつでしょう。実は「大造じいさんとガン」には複数のテキストが存在します。最初の発表は、1941年。どんな世の中だったか想像できますか？

③も大切です。2つ確認しましょう。1つ目として、原典が絵本か、教科書のための書き下ろしか。絵本の場合、教科書にはすべての絵を載せることができないので省略されている絵があります。2つ目として、題名や文章が同じか。「ずーっと、ずっと、だいすきだよ」と「ずうっと、ずっと、大すきだよ」、「海の命」と「海のいのち」、どちらが原典でしょう。題名だけでなく、本文も異なる場合があります。時間があるときに確認してみてください。

2 子どもの学習経験を調べる

中学年では、登場人物の「性格」「情景描写」を学びます。高学年では、登場人物の「相互関係」、物語の「全体像」を学びます。さて、どの物語文でこ

れらの見方を学び、その学びは、どの物語文に引き継がれるのでしょうか。

　光村図書の教科書では、「ごんぎつね」（4年）の学習で、はじめて「情景描写」を学びます。その学びは「スワンレイクのほとりで」（4年）「大造じいさんとガン」（5年）などにつながっていきます。

　子どもがいつどのような学習をし、どのような見方を働かせてきたのか。4月に物語文の学習を始める際、子どもたちと確認し合うとよいでしょう。

3　答えはある？　答えはない？

　低学年の指導事項を2つ並べてみます。

> イ　場面の様子や登場人物の行動など、内容の大体を捉えること。
> エ　場面の様子に着目して、登場人物の行動を具体的に想像すること。

「場面の様子」と「登場人物の行動」という言葉が重なっているのがわかります。注目したいのは文末、「捉える」と「想像する」です。いつの季節か、場所はどこか、登場人物は何をしているのか、をとらえる。これは明確な正解があります。それに対し、スイミーは何日くらい孤独に海をさまよったのでしょう。スイミーと赤い魚たちは大きな魚のふりをする練習中、どんな会話を交わしたでしょうか。その場面や登場人物の行動は想像するしかありません。その想像に、正解はありませんね。正解のある読み方と正解のない読み方を区別しましょう。

4　「イエ」を建てて「オカ」に登る

　単元の目標を確認しましょう。物語文で育てたい力は、低・中・高学年ともにたった4項目です。それを指導事項の記号で表すと、イ・エ・オ・カとなります。イ・エは、物語文を読むための土台となる力です。それに対し、オ・カは土台の上で、自分の個性を発揮してよい力です。中・高学年の力に注目します。

> 中学年：文章を読んで感じたことや考えたことを共有し、一人一人の感じ方などに違いがあることに気付くこと。
> 高学年：文章を読んでまとめた意見や感想を共有し、自分の考えを広げること。

　そこに正解はありますか？　一人一人の感じ方は違った方がよいのです。教科書の教材配列は、イ・エから始まり、オ・カに目標が移り変わっていくようにできています。「イエ」を建てて、「オカ」に登る。その単元は、イエを建てる単元なのか。オカに登る単元なのか、確認してみましょう。

8 「読むこと」（説明文）の授業準備

1 筆者について調べる
2 子どもの学習経験を調べる
3 「説明文」にも答えのない面白さがある
4 「オカ」をめざして、まずは「アウ」を育む

1 筆者は誰だろう？

　説明文は、論理的で客観的な文章だと思われがちです。それも一理あります
が、熱のこもった、筆者の努力の結晶だという見方もできます。

　説明文の筆者は、その道の専門家やプロが多く、自分の研究、自分の仕事、
大好きなことを読者に伝えようとしています。まずは、筆者の名前と職業を確
認しましょう。「固有種が教えてくれること」（光村図書5年）の筆者である今
泉忠明さんは、子どもに大人気の『ざんねんないきもの事典』の筆者です。筆
者を知ると、書店や図書館で、その筆者の本を手に取る機会が増えそうです。

2 子どもの学習経験を調べる

　物語文でも同じことを述べましたが、説明文の方が、より系統的に単元が配
列されているので、学習経験を調べる必要があります。

　低学年では、時間的な「順序」と事柄の「順序」を学びます。光村図書の教
科書では、「たんぽぽのちえ」や「どうぶつ園のじゅうい」という教材をもとに
時間的な「順序」を学びます。中学年では、「はじめ—中—終わり」の構成を学
びます。「こまを楽しむ」で学び、「すがたをかえる大豆」に生かすように作ら
れています。同じように、中学年で学ぶ「要約」は「未来につなぐ工芸品」と
いう教材ではじめて学び、「風船でうちゅうへ」に活用するようになっています。

　子どもがいつどのような学習をし、どのような見方を働かせてきたのか。物
語文同様、4月に説明文の学習を始める際、子どもたちに確認するとよいですね。

3 答えはある？　答えはない？

　この項目も物語文と同じです。説明文で行うのは答えのある学びだと思われがちですが、そんなことはありません。次の指導事項を見てみましょう。

低学年：文章の中の重要な語や文を考えて選び出すこと。

高学年：目的に応じて、文章と図表などを結び付けるなどして必要な情報を見付けたり、論の進め方について考えたりすること。

　「重要な語や文」はみんな同じでなければいけませんか。子ども一人一人の読む目的が違えば「必要な情報」が違ってもよいのではないでしょうか。

　教師が正解のある問いばかり発すると、子どもは説明文を読む面白さ、友達と学び合う楽しさを感じることができなくなります。物語文と同様、説明文でも、答えのない面白さに目を向けましょう。

4 「オカ」を目指して、まずは「アウ」

　単元の目標を確認しましょう。物語文同様に育てたい力は、低・中・高学年ともたった4項目です。それを指導事項の記号で表すと、ア・ウ・オ・カとなります。ア・ウは、説明文を読むための土台となる力です。それに対し、オ・カは土台の上で、自分の個性を発揮してよい力です。「アウ」をわかりやすいキーワードにまとめると、次のようになります。

低学年：順序　問いと答え　大事な言葉（何度も出て来る言葉）

中学年：はじめ—中—終わり　形式段落　意味段落　理由・事例➡考え
　　　　　キーワード（中心となる言葉）　要約

高学年：文章全体の構成（尾括型・双括型）　事実➡感想・意見　要旨
　　　　　図・表・グラフ・写真・絵

　まずは、しっかりと「アウ」の土台を育みましょう。そして、「オカ」に登ります。説明文で「オカ」に登るイメージがわかない先生もいるでしょう。例えば、文章を読んだうえで筆者の考えや主張にどれほど納得できたか。その納得度を％で表すと一人一人感じ方の違いが生まれます。考えと事例が合っているか、その図や表、写真は必要か話し合ってもよいでしょう。教科書の教材配列は、ア・ウから始まり、オ・カに目標が移り変わっていくようにできています。「オカ」を目指して、まずは「アウ」。その単元は、アウ単元なのか、オカ単元なのか。確認してみましょう。

9 学習指導案をつくってみよう①

1 〔単元名・単元目標〕身に付けさせたい力を構想する
2 〔児童観〕子どもの姿を具体的な事実をもとに記述する
3 〔教材観〕一読者となって教材の魅力を味わう
4 〔指導観〕具体的な手立てを考える

　学習指導案には、決まった型というものはありません。それは、それぞれの教師や学校の創意工夫が認められているからです。教科によっては、書き方が異なります。ここでは、オーソドックスな学習指導案作成のポイントについて解説します。多くの学習指導案には、以下の項目が立てられています。

・単元名・単元目標・評価規準
・児童観・教材観・指導観
・単元計画・本時案・板書計画

1 〔単元名・単元目標〕単元名と単元目標を決めよう

　まずは、単元名を決定します。単元名と教材名は違います。単元名の付け方にルールはありませんが、「本単元で身に付けてほしい力＋主な言語活動」が一般的です。子どもと一緒に単元名を作ったり、子どもを惹きつけるようなキャッチーな単元名を付けたりする先生もいます。単元名はあくまでも子どものためのものです。子どもが意識し、覚えられるような単元名にするとよいでしょう。

　次は、単元目標です。教科書は年間を見通して系統的に目標を設定していますが、学校や地域によって子どもの実態は異なります。指導書に示されている目標はあくまでも例示ととらえ、目の前の子どもや教師の願いによって単元目標を設定することが望ましいでしょう。単元目標が決まれば、それに連動して評価も定まります。

2 〔児童観〕子どもの実態を書くポイントは？

単元を構想するための大前提となるのが、子どもの実態です。児童観の欄には、教師が見取った子どもの実態や課題を書きます。

この児童観に、「明るいクラス」「元気な子ども」のようなことを書いていませんか。そうではなく、あくまでも国語科、とりわけ本単元の領域について具体的に記述することが大切です。これまでの学習を通して子どもたちはどのように成長したのか、また現段階での課題はどこなのか。抽象的な文言ではなく、具体的な事実やエピソードをもとに書くようにしましょう。また、学級の一人の子どもに焦点を当てて、その子どもの学びの変容を通して児童観を伝える書き方もあります。子どもの学びを「点」ではなく「線」で把握する教師の見取りが、授業づくりを支えます。

3 〔教材観〕教材そのものを味わってみませんか？

教材観として指導書の文面を写しても意味がありません。最初に指導書を読むと、どうしてもそれに引っ張られてしまいます。そこで、研究授業のときだけでも最初に指導書に目を通すのをやめてみてはいかがでしょうか。物語文の授業であれば、一読者となって物語を読み、素材そのものの魅力がどこにあるのかを探ってみましょう。物語を読む子どもと同じ目線になるのです。その後、「あの子ならこう言うかな」「ここで誤読しそうだな」「この表現の美しさを味わってほしいな」と、子どもを念頭に置いた教材研究に移ります。それが、次に説明する指導観につながります。

4 〔指導観〕どのように単元の目標に迫るか

本教材を通して、どのように目標に迫っていくのか、その具体的な手立てを書くのが指導観です。

「書くこと」で、構成を考えられない子どもには、どのような手立てをとるのか。推敲の際にはどのような視点で自分の文章を見つめることができるようにするのか。「読むこと」で登場人物の気持ちの変化がとらえられない子どもが多い場合には、どのような手法をとるのか。教室の一人一人の子どもの姿を思い浮かべながら、具体的な手立てを講じることが大切です。

10 学習指導案を つくってみよう②

1 〔単元計画〕スタートからゴールまで描き切る
2 〔本時案〕子どもの発言や反応を想定して本時を練る
3 〔板書計画〕実際に書いて安心感につなげる
4 子どものため、自分のための指導案とする

1 〔単元計画〕子どもの思考の流れをイメージ

　単元名を決め、単元目標と評価を設定しました。そして、児童観、教材観、指導観を記述したら、いよいよ単元計画です。学習指導案を書く際、どうしても本時案にウエイトが置かれますが、本時案はあくまで単元計画の一部です。いくら本時だけ練りに練っても、そこに至るまでの計画が杜撰ならば、よりよい学びをつくり上げることは難しいでしょう。

　単元計画は、子どもの思考の流れを大切にしてつくりたいものです。まず、10時間なら10時間のスタートからゴールまでをしっかりと描き切りましょう。単元計画は主に、「時間」「学習活動」「評価」の3点を表に記述します。学習活動の欄に、具体的な子どもの発言、予想される子どもの反応が明記されている指導案を見かけることがあります。一人一人の子どもをイメージし、子どもの活動や発言を念頭に置いて単元計画を練っていることが伝わります。一人一人の活動や思考を想定するからこそ、1時間目から2時間目、2時間目から3時間目へのつながりが見えてくるのです。

　当然のことですが、実際に授業を行っていくうちに、当初の計画と子どもの活動にずれが生じます。その場合には、単元計画の修正が必要です。その修正が行えるのも、スタートからゴールまでをしっかり描き切ったからこそ。そうでなければ、予想外の子どもの発言や反応に、教師が適切に対応できるはずはありません。「這い回る授業」「活動あって学びなしの授業」にならないためにも、単元計画の重要性をもう一度見直してみませんか。

2 ［本時案］1時間の流れを描き切ろう

　単元計画を作成したら本時案です。本時の目標は、学習指導要領の指導事項をより具体的にした形で書くことが重要です。ねらいが抽象的では、目標がぼやけます。国語科は身に付けさせる力が曖昧だと言われてしまう原因は、そこにあると考えます。

　本時案の中身は、学習課題、発問、子どもの発言や反応、指導上の留意点などが主なものです。単元計画と同じように、予想される子どもの発言や反応を具体的に記述しましょう。そうすることで、「ここでグループの話し合いが必要だな」「比喩に着目できるように、全員で音読する場面を入れよう」など、教師の具体的な手立てが見えてきます。

3 ［板書計画］研究授業の前には黒板に書いてみる

　学習指導案の最後に、板書計画を載せることもあります。板書計画は、普段の教材研究をする際にも役立ちます。板書計画をしっかりと立てれば、授業の流れをイメージすることにつながるからです。

　研究授業の前には、1時間の流れを想定して黒板に書いてみることをおすすめします。その際のポイントは次の2点です。

> 1　レイアウトの把握（学習課題、子どもの発言、挿絵や短冊の配置）
> 2　字の大きさや行間、チョークの色の確認（後方の座席から確認）

　最後に写真にとって研究授業に臨めば、安心感につながります。

4 学習指導案の意義

　最後に、学習指導案そのものについて考えます。「働き方改革」の名のもと、学習指導案は不要なのではという考えを耳にするようになりました。実際に、多忙化する学校現場で学習指導案の作成を負担に感じる先生もいるでしょう。

　しかし、教師は授業を通して子どもを育てます。自身の授業力を磨くことは、子どものためになるのです。授業力を磨くには、授業を同僚に公開することが重要です。各学校には授業力に優れ、子どもと豊かな学びを織りなしている先生がいるはずです。そのような先生は、きっと人より多く指導案を書き、人より多く研究授業に臨んでいるはずです。学習指導案を書かなくても授業はできますが、書けないのでは困るのです。教師の本務は授業なのですから。

いざ研究授業へ！
研究授業は怖くない！

　研究授業。多くの先生が参観します。「失敗したらどうしよう…」そんな不安な気持ちになっていませんか。でも、大丈夫です。

　大リーグで活躍する大谷翔平選手。50本塁打＆50盗塁を達成した超一流の選手でも打率は3割前後です。つまり10回に7回は凡打なのです。それでも、この7回を失敗と呼ぶのでしょうか。もちろん、そうではありません。おそらく大谷選手はこの凡打になった原因を分析し、次の打席、次の対戦へとつなげているからこそ、輝かしい記録を打ち立てているのではないでしょうか。そう考えると、失敗はマイナスなものではなく、自分を成長へと導くプラスのものなのです。

　それでも、やっぱり不安ですか？　だったら、一人で抱え込まないで同僚の先生に相談してみましょう。「この先生のようになりたい！」「この先生に話を聞いてみたい！」そんな先生が校内にいませんか？「AとBで迷っているのですが…」「この場面の発問が思い浮かばなくて…」相談するなら、漠然と尋ねるのではなく、ポイントを絞って聞けるとよいですね。研究授業を終えても、そんな関係が続けば素敵です。

　また、研究授業は授業者だけの学びになるわけではありません。参観する側も学ぶ姿勢が問われます。先生方は授業を参観するとき、教室のどこから見ていますか？　どんなことをメモしていますか？　研究協議会でどんなことを伝えますか？「今日の授業は盛り上がっていた」「全体的によく発表していた」のように、抽象論を語ってはいないでしょうか。教室で起こるすべての事実を丁寧に見つめましょう。授業を見る目を磨くのです。

　私たちは、日々「授業」という打席に立ち続けています。1年間で1,000時間近くも。研究授業はそのうちの1時間。何も特別なことではないのです。普段と同じスタイルで臨みましょう。最終的には、自身の授業力が向上し、子どもに還元されるのですから。

第 3 章

国語の
授業づくり

1 単元全体の流れを考えよう

1 子どもは「活動のゴール」を目指し、
教師は「評価のゴール」を意識する
2 評価を欲張らないことが大切

1 単元のゴールまでを見通した「点」ではなく「線」の教材研究

「教材研究って、どうやればいいんですか」。そのような質問を受けることがよくあります。基本的なこととして、「その日暮らし」にならないようにすることが大切です。つまり、1時間の授業を終えて放課後に次の授業を考える。そして、次の日に授業をして、また放課後に…というパターンです。

もちろん子どもの発言やノートを見とり、翌日の時間の授業を詳細に考えることは大切です。ここで問題にしたいのは、教師が単元全体のゴールまでをイメージしているのかということです。一生懸命に教材研究をしているつもりでも、単元全体の見通しがなければ、よりよい授業にすることは難しいでしょう。ゴールを明確にイメージしているからこそ、子どもの多様な発言に対応でき、活動がそれてしまいそうになったときも適切に軌道修正をすることができるのです（具体的な教材分析の方法については第2章3を参照）。

そのためにも、教科書を手に取り、単元全体の流れを大まかにとらえましょう。そして、ゴールの姿を明確にイメージしましょう。このゴールには、「活動のゴール」と「評価のゴール」があると考えてください。「活動のゴール」とは、「リーフレットを作って読み合おう」「地域の魅力を伝え合おう」というものです。子どもたちは、この「活動のゴール」に向かって学習を進めることが多いでしょう。しかし、ここで大切なことは、教師が「どんな子どもになってほしいか」「どんな力を身に付けてほしいのか」という「評価のゴール」をもつことです。この「評価のゴール」があるからこそ、私たちは子どもに適切

な声かけやアドバイス、または個に応じた支援をすることができるのです。「活動のゴール」を目指して、教師はどんな「評価のゴール」をもっているのか。具体的な子どもの姿を思い描きながら、子どもたちに確かな力を付けていきましょう。

2　評価を欲張らない

　子どもにどんな力を身に付けてほしいのか、それが評価に直結します。

　たとえば「書くこと」の中学年で「リーフレットをつくろう」という単元では、まずは、リーフレットを作るための情報を図書館やインターネットで集め、必要な材料を選びます（ア）。次に、それらをもとに構成メモをつくります（イ）。そして、下書きを書いて推敲し、清書をします（ウ、エ）。最後に友達と読み合い、文章に対する感想を伝え合います（オ）。このア〜オは、学習指導要領の「書くこと」の指導事項（＝評価の観点）です。

【「書くこと」中学年の指導事項】

ア　題材の設定、情報の収集、内容の検討

イ　構成の検討

ウ　考えの形成、記述

エ　推敲

オ　共有

「書くこと」の学習は、完成した文章だけで評価するのではありません。構成を考えたり、自分の文章を推敲したりする力も「書くこと」で育みたい資質・能力です。教師はこの5つの書くことの資質・能力（指導事項）を子どもが身に付けられるように授業を行います。ただし、一単元でこれらすべての力を身に付けさせることはできません。なにより教師が子どもの学びを記録するだけで大変ですし、時数もオーバーしてしまいます。

　そこで大切なのは「評価を欲張らない」ことです。この5つの指導事項の中から、重点項目を1、2点に絞りましょう。各教科書会社の年間指導計画や指導書に、評価の重点は「◎」「〇」で示されています（教科書の紙面にも、重点項目は強調されていたり、マークが付いていたりします）。そこにウエイトを置いて指導をするのです。そうすると、単元全体の時間配分に軽重が付けられます。当然ながら「◎」のところに集中的に時間を充て、計画を立てることが大切です。評価については第5章で詳しく説明します。

2 学習の見通しは どうするの?

1 「先生、今日は何をやるの?」から脱却しよう
2 単元全体の流れを共有して見通しをもつ
3 1時間の授業の終わりに次時の学習課題を
　子どもと共有する

1 子どもは今日、何をするかわかっていますか?

　前項では教師が単元全体の流れをイメージし、見通しをもつことが重要だと述べました。しかし、教師だけでなく、子どもも学習の見通しをもつことが大切です。「先生、今日の国語、何をやるの?」と、子どもに問いかけられた経験は誰もがあるでしょう。これは、子どもが見通しをもっていない典型的な姿といえそうです。自分が何をやるのかわからない。それは、やりたいことがないということの裏返しではないでしょうか。また、今日の授業ですることを教師に尋ねるのは、受け身の姿勢だととらえられても仕方ありません。そのためにも、「先生、今日は何をやるの?」から脱却する授業づくりを目指しましょう。

2 最初に単元全体の学習の流れを共有する

　単元の導入で全体の流れ（学習計画）を子どもと共有する方法があります。模造紙や画用紙に全10時間なら10時間分の活動の流れを書いて、子どもに提示するのです。そうすると、子どもにとって今日は何をするのか、また、次時にすべきことも把握できるでしょう。「先生、今日は何をやるの?」と聞かれることはなくなります。それどころか、授業が始まる前にすでに学習に取り組んでいるという理想的な姿も期待できそうです。

　このように、単元全体の流れを示すことは、とりわけ「書くこと」の単元と相性がよいでしょう。「書くこと」は、誰に書くのかという「相手意識」と、何のために書くのかという「目的意識」が大切です。そのため、その相手と目

的に向かって「書く内容を決める」→「構成メモを書く」→「下書きを書く」→「推敲する」→「清書する」→「友達と読み合う」という流れを提示すると、子どもは見通しをもって学習することができるでしょう。

ただし、「書くこと」は個人差が大きいものです。決められた時間で終わらなかったり、早く学習が進んだり、進めたがったりする子もいるでしょう。そういうことも想定し、時間配分はあくまで大まかな目安ととらえ、自分のペースで学習を進めるようにしてもよいでしょう。個別最適な学びのエッセンスを取り入れるのです。そして、「下書きで時間をかけたから、清書の一部分は家庭学習で取り組んでこよう」「まだ時間はあるから、書き出しを工夫してみよう」など、自分の学習の調整を図る姿が見られると嬉しいですね。

3 1時間の授業の終わりに次時の学習課題を設定する

ただし、すべての領域や単元でこの方法を用いることには注意が必要です。確かにゴールまでの流れがわかることは見通しをもつことにつながります。しかし、学習計画にしばられ過ぎると授業の中で生まれる子どもの問いやつぶやきを拾って授業を進めることは難しくなってしまいます。寄り道ができない授業と呼べばよいのでしょうか。子どもの思考を無視して1本のレールの上を走るような授業になってしまうのは、問題があるように思えます。

そこで、1時間の授業の終わりに次時の学習課題を設定する方法があります。4年「ごんぎつね」を例に説明しましょう。5場面で兵十と加助の話を聞いたごんは、「へえ、こいつはつまらないな。」と思います。ごんのその思いに注目し、子どもから「じゃあ、どうしてごんは、その明くる日も栗を持って行ったの？　ごんは、怒っているように見えるんだけど」という問いが出されることがあります。この子どもの問いを全体で共有し、次時の学習課題に設定します。そうすれば、子どもは次の時間に何をするのか見通しがもてるでしょう。

子どもから問いが出なければ、「次の時間は、どんなことを考えたい？」「次の場面でみんなが考えたいことはどんなこと？」と、教師から問いかけて学習課題を設定することも考えられます。

1時間の授業の終わりに、次時の学習課題を設定する授業。そのような問題解決型の課題設定で、子どもが見通しをもちながらゴールへと向かう授業づくりにチャレンジしてはいかがでしょうか。

3 1時間の授業展開を考えよう

1 本時の目標を具体的に決める
2 「導入」「展開」「まとめ」の時間配分を考える
3 1時間の中で、子どもを深い学びへと
　いざなう「山場」をつくる

1 本時の目標の立て方

　1時間の授業展開を考える前に、まずは本時の目標（ねらい）を明確にもつことが大切です。その際に参考となるのが、指導書や解説です。しかし、これらは抽象的な文言で書かれているため、より具体的にイメージして目標を定める必要があるでしょう。

　たとえば、4年「一つの花」の、戦中と戦後の場面を対比して読む時間で考えてみましょう。学習指導要領を参考にすると「登場人物の気持ちの変化について、場面の移り変わりと結び付けて具体的に想像することができる」という目標が設定できます。しかし、これではあまりにも抽象的で、どのような解釈が表出されれば目標に到達したのか判断がつきません。

　そこで、教材をもとに具体的に目標を設定してみます。

> 戦中と戦後のゆみ子の言葉を対比して、ゆみ子の成長した様子を読み取る。また、コスモスの花でいっぱいに包まれていることから、ゆみ子の幸せそうな様子を想像することができる。

とすればどうでしょうか。教師のねらいが具体的にイメージできるのではないでしょうか。具体的に目標を設定するからこそ、教師は子どもの学習の状況を見取り、個に応じた支援を行うことができるのです。

2 「導入」「展開」「まとめ」の時間配分

　目標を定めたら1時間の授業の流れを考えます。一般的に「導入」「展開」「ま

とめ」という流れで授業を考える場合が多いでしょう。時間配分も大切です。導入に時間を割いてしまい、展開で話し合いの時間を十分に取れなくて…という失敗は、誰もが経験したことがあるでしょう。導入は長くても10分程度にとどめ、本時のねらいとなるところに時間を割くようにしましょう。

学習課題やめあての示し方については、研究授業では短冊を使って提示する場面を見かけます。しかし、普段の授業で短冊を準備をすることは現実的ではありません。第3章2でも解説しているように、子どもが本時の学習課題を把握している状態が理想です。ならば、授業前に学習課題を板書しておけばよいのです。これなら導入をコンパクトにすることができるでしょう。

3 授業の「山場」を意識

さて、この「導入」「展開」「まとめ」の授業。学習活動は流れているのだけれど、深まりや広がりが感じられない授業を時々見かけます。たとえば、物語文の授業で、子どもはよく発言をしているのに、発表会のようになってしまうときはないでしょうか。結局、今日の授業でどんな深まりがあったのか。教師も子どももわからず、消化不良を起こしているような状態です。

そこで、1時間の授業の中で「山場」をつくることをおすすめします。物語の中にも「山場」があります。物語の終盤、読者がぐっと作品に引き込まれる場面です。授業もそれと同じようにとらえてみましょう。子どもを深い学びへといざなう「山場」をつくるのです。

それは、「展開」の後半になることが多いと考えられます。話し合いで一通りの考えが出されます。そこで、教師が本時のねらいに迫り、深い学びへと導く発問を出すのです。子どもが再び教科書の叙述に立ち戻り、思考するような発問です。そんな発問を考えるのは正直難しいのですが、そこに教材研究や授業の醍醐味があるのではないでしょうか。最終的には、子どもが発したつぶやきや問いを学級全体で共有し、子どもたち自身で授業の山場をつくることが理想です。

このように考えると、「展開」は前半と後半の2つに分けられ、後半が「山場」となるでしょう。そうすると、1時間の授業を「起承転結」という流れでイメージすることもできそうです。「転」の部分が授業の「山場」になるわけです。1時間の授業における「山場」、ぜひ意識してみてください。

4 学習課題を設定しよう

1 子どもが考えたくなるような学習課題を立てる
2 「〜だろう?」と「問い」の形にしてみる
3 「教師が提示する」から「子どもとつくる」
　「子どもがつくる」学習課題を目指す

1 学習課題は何のためにあるのだろう

　子どもと共有する「学習課題」。1時間の「めあて」として子どもに提示している先生も多いでしょう。では、この学習課題やめあては、何のためにあるのでしょうか。また、どのようにして設定するのでしょうか。

　まず、学習課題は子どもに本時で身に付けてほしい力を明確にする働きがあります。「モチモチの木」(3年)で、「豆太の性格を考えよう」という学習課題を設定するのは、学習指導要領で登場人物の性格を読み取ることが位置付けられているからです。性格を確かに読み取る力を付けたい。だから、学習課題として設定する。子どもも教師も、この1時間のねらいは明確です。

　しかし、それは子どもが考えたくなるような学習課題でしょうか。「豆太の性格を考えよう」という学習課題で、どれくらいの子どもが主体的に学習に臨めるでしょうか。学習課題を設定するからには、子どもが「話し合いたい!」「読んでみたい!」という思いをもてるようにする必要があります。

2 「〜しよう」「〜を考えよう」から「問い」の形に変えてみよう

　そこで、最初のステップとして「〜しよう」「〜を考えよう」という文末を「〜だろう?」のような「問い」の形にすることからはじめることをおすすめします。先述の「豆太の性格を考えよう」という学習課題。これを「問い」の形にすると、「豆太は、どんな性格だろう」になります。どうでしょうか。「〜だろう」と「問い」の形にした方が、子どもは考えてみたくなるのではないでしょ

うか。

「大造じいさんと残雪の人物像をとらえよう」は「大造じいさんと残雪は、どのような人物像なのだろうか」になります。これなら、国語に苦手意識のある先生も容易に設定できると思います。

「問い」は、学習活動の原動力です。問われると答えたくなるし、考えたくなるのが人間です。説明文の筆者が「問い」を巧みに用いて、読者を文章に引き込むのもそのためです。光村図書の教科書には、学習の手引きに「問いをもとう」というコーナーが設けられています。教科書の手引きも参考にしながら、「問い」の形で学習課題を設定できるようになるとよいでしょう。

3　初発の感想を学習課題に生かしてみよう

　教師が一方的に学習課題を提示する授業ではなく、子どもが学習課題をつくる授業を目指しましょう。これからの社会に求められる力は、「問題発見力」と言われており、なおさら「問い」が大切です。とはいえ、最初から子どもが「問い」をつくるのは難しいもの。段階としては、「教師が提示する」→「子どもとつくる」→「子どもがつくる」というイメージです。

　では、物語文の授業において、子どもと学習課題をつくる方法を考えてみます。基本的な手法として、初発の感想から学習課題をつくります。ポイントは次の2点です。

> ①「おもしろかったこと」「印象に残った場面や言葉」などの観点を示す。
> ②みんなの考えたい「問い」を箇条書きで書く。
> 　・どうして登場人物は〜したのか
> 　・どうして〜のような言葉で表現されているのか

「問い」をノートに書く際には、箇条書きが適しています。なるべく多様な「問い」が出せるよう、最初は書く時間をたっぷりとります。

　子どものノートを見ると、単元のねらいに迫ることができるような、「問い」があるものです。たとえば、「問い」の一覧表をつくり、どの「問い」を「学習課題」として設定するのか、学級で話し合ってみるとよいでしょう。ICT端末を用いて学級全体の「問い」を把握することも簡単にできる時代です。子どもとつくる、子どもがつくる学習課題。ぜひ目指しましょう。

5 導入で大切なこと

1 毎時間の導入は短時間でスムーズにする
2 教科書のリード文の「問い」を効果的に使う
3 物語文や説明文は単元の扉ページを活用する

1 単元の導入はどうしたらいいの?

みなさんは、授業の導入をどのように行っていますか。第3章2で説明したように、授業前には子どもが本時の学習課題を把握していることが理想です。そのため、導入は前時の学習や、本時の学習のポイントを短時間で確認し、中心となる活動にスムーズにいざないましょう。

では、単元最初の導入はどうでしょうか。これから数時間の学習活動に入る時間です。子どもが「話し合ってみたい!」「書いてみたい!」「読んでみたい!」と思えるようになることが理想です。しかし、すべての単元でそう思えるような導入をすることは難しいでしょう。ここでは、主に教科書を活用した単元の導入について考えます。

2 「話すこと・聞くこと」や「書くこと」の導入

教科書を見ると、「話すこと・聞くこと」「書くこと」の単元には、学習内容へ導くためのリード文が載っています。「お気に入りの場所、教えます」(光村図書3下)のリード文を見てみます。

> 学校には、図書館、音楽室、校庭など、さまざまな場所がありますね。あなたがすきな場所はどこですか。クラスのみんなに発表しましょう。

このように、教科書のリード文では「問い」が投げかけられていることが多くあります。それを活用しましょう。単元の導入で「学校で好きな場所はある?どうしてそこが好きなのかも教えて」と問いかけます。きっと子どもたちは、

エ　前時までに学習したことで、本時の学習に役立ったこと。

オ　本時（や本単元）で工夫しようとしたが、十分ではなかったこと。

カ　本時（や本単元）で学習したことで、今後の学習や生活の中で生かせそうなこと。

　こうしてみると、アからオまでは「過去の学び」「今日の学び」を振り返るもの。そして、カは「未来の学び」へとつなげる振り返りだということができます。過去から現在、そして未来へ。自分自身の学びをメタ認知し、次時へとつなげようとする姿が見られれば、まさに「主体的に学習に取り組む態度」の表れだととらえることができるでしょう。

　振り返りの観点を例示する際には、学年の発達段階を考慮しながら、この6項目を参考にしてみてはいかがでしょうか。これらは国語だけでなく、すべての教科に通じます。そのため、模造紙などに書き込み、子どもが見える場所に掲示しておくと効果的です。

　振り返りに「友達の名前や発言が書かれているか」も重要なポイントです。1時間の授業の中で印象に残った友達の発言や、友達の考えから新たな気付きがあるのは素晴らしいことです。友達の名前が書かれた振り返りは、クラス全体に伝えるとよいでしょう。自分の考えや発言がクラスの学びを深めたという思いは、子どもの自信にもつながります。

3　振り返りは子どものためだけではない？

　学習の振り返りは、子どものためだけでなく、教師のためでもあります。今日の、あるいは本単元の自分の指導はどうだったのか、教師は子どもの振り返りを通して確認することができます。振り返りに「今日はよくわからなかった。難しかった」と書かれていたら、どうしますか。おそらく「次の時間に説明が必要だな」それとも、「課題をわかりやすくしてもう一度授業を行おうか」などと考えるのではないでしょうか。子どもの振り返りは、教師自身の指導や授業の在り方を考えさせてくれるのです。

　また、子どもが単元のねらいに迫るような問いや疑問を振り返りに書いていることがあります。そのようなときは、その子の問いを次の時間の学習課題に設定することができます。自分の書いた振り返りが授業に生かされたと実感できれば、子どもの振り返りはさらに意味あるものになるでしょう。

7 物語文の授業、「気持ち」ばかり聞いていませんか?

1 「気持ち」だけを考える授業とさようなら
2 「行動」を考えることで「気持ち」に結び付ける
3 登場人物の「気持ち」を一語で集約しない

1 「気持ち」を考えるのが、物語文の授業なの?

　物語文の発問の王道パターーン。それは「登場人物の気持ちを考えよう」です。「ごんの気持ちを考えよう」「スイミーの気持ちを考えよう」「がまくんとかえるくんの気持ちを考えよう」…。すべての教材で気持ちを問うことが可能です。

　では、物語文の授業のねらいは、気持ちを考えることだけなのでしょうか。実は学習指導要領には、1・2年で「気持ちを考える」という指導事項はありません。「登場人物の行動を具体的に想像する」ことがねらいです。「気持ちを捉える」「気持ちの変化を想像する」ことは、3・4年の指導事項です。

　それなのに、どうして、私たちは気持ちを聞いてしまうのでしょう。気持ちばかりを聞かれた子どもは、どのように思うでしょうか。「また物語文の授業で気持ちを考えるのか」「気持ちを言っても、先生は全部いいねって言う。全部正解だとおもしろくないんだよね」と、学習に後ろ向きになっていないでしょうか。「なんでもあり」の気持ちの授業。そこからの脱却を目指して、物語文の授業について考えてみましょう。

2 「行動」を考えることは「気持ち」を想像すること

　登場人物の「行動」には「気持ち」が隠れています。たとえば、「涙を流す」というのは「行動」です。では、どうして涙を流しているのでしょう。嬉しかったからかもしれませんし、悲しかったのかもしれません。あるいは、悔しかったのかもしれません。つまり、登場人物の「行動」を考えれば、自然と「気

持ち」を想像することにつながるのです。したがって、「登場人物の気持ちを考えよう」ではなく、「どうして、登場人物は、こんな行動をしたのだろう」と聞けばよいのです。そうすれば、必然的に「気持ち」につながるはずです。「一つの花」（4年）を例に説明します。どうして、お父さんはゆみ子に「めちゃくちゃに高い高いをする」のでしょう。お父さんの「行動」

を考えます。「ゆみ子の将来への不安を消すため」「高い高いをして、ゆみ子を喜ばせたい」「高い高いしかできなくてごめんね」…のように、実にたくさんのお父さんの「気持ち」が想像できるでしょう。

「白いぼうし」では、どうして、松井さんは一番大きな夏みかんをタクシーに乗せたのでしょうか。夏みかんを乗せるタクシーの運転手なんて見たことがありません。なんとも不思議な松井さんの行動です。でも、そこに「お客さんに喜んで欲しかったから」「田舎のおふくろのことを思い出したかった」と、松井さんの気持ちを具体的に想像するヒントがあるのです。

　このように、登場人物の「行動」を考えることは「気持ち」を想像することにつながります。そして「気持ち」だけでなく「性格」や「相互関係」をとらえることにも結び付くのです。ぜひ、登場人物の「行動」に着目してみてください。

3　語彙の拡充を図り、豊かな言葉の力を育もう

　子どもには人物の気持ちや性格を表す語句の量を増やし、語彙を豊かにして欲しいものです。そこで大切なことは、「登場人物の気持ちを一語で集約しない」、これに尽きます。

「ごんぎつね」で、火縄銃をばたりと取り落とす兵十の気持ち。「悲しい」だけではないはずです。「後悔」「絶望」「愕然」「呆然」「心が真っ暗」「頭が真っ白」「悲痛」「罪悪感」……。兵十の気持ちを想像するのに、多様な言葉で表現することができるのです。もちろん、これらの言葉が、子どもからすぐに出ることはありません。だからこそ、教師が教材研究の際に、これらの言葉をイメージしておくことが大切です。子どもが教科書の巻末や辞書で調べたり、教師から提示したりしながら、語彙の拡充を図り、豊かな言葉の力を育むようにしましょう。

⑧ ICTの基本的な使い方

1 「活動あって学びなし」にしないこと
2 「話すこと・聞くこと」では録画をして振り返る
3 「書くこと」では共同編集や相互参照も有効活用する
4 「読むこと」では全体の考えを共有する

1 ICTで学びを豊かに

　1人1台端末が配備されてから、授業が大きく変わりました。ICTを効果的に活用することで、子どもの学びの幅が広がりました。以下が、効果的なICT活用のイメージです。

> ・情報を収集して整理する場面
> ・自分の考えを深める場面
> ・考えたことを表現・共有する場面
> ・知識・技能の習得を図る場面
> ・学習の見通しをもったり、学習した内容を蓄積したりする場面
> （GIGAスクール構想のもとでの国語科の指導について／文部科学省　より）

　ICTを用いれば見栄えのするポスターを短時間で作ることができます。しかし、ただ作ることが楽しかっただけで終わってしまったらどうでしょう。「活動あって学びなし」のICT活用にせず、どんな場面で効果的に活用できるのかを考えましょう。

2 「話すこと・聞くこと」では録画をして振り返る

　「話すこと・聞くこと」の活動では、端末の録画機能を用いて撮影し、自分やグループの話し方を見直すことができます。1・2年は「声の大きさや速さ」、3・4年は「言葉の抑揚や強弱、間の取り方」を工夫することが大切です。ICTが普及する前は、自分の話し方を自分で確かめることはできませんでした。

しかし、録画機能を用いれば自己評価が可能です。自分で話し方を振り返ることにより、どんどん上達していく様子を自覚することができるようになりました。また、グループでの話し合い活動も、録画をしておけば、自分たちの話し合いの様子を振り返り、課題や改善点を見つけて次時につなげることもできます。「話すこと・聞くこと」において、録画機能を用いて記録することは欠かせない手法といえるでしょう。

3 「書くこと」を協働的な学習にする

「書くこと」では、文書作成ソフトを活用する実践が多くみられるようになりました。文書作成ソフトを用いた表現を、手書きの「書くこと」と区別し、「打つこと」と称することがあります。

では、「書くこと」と「打つこと」の大きな違いは何でしょうか。まず、手書きの場合は、文章を書く前に構成をしっかりと考える必要があります。ところが、文章作成ソフトを用いる場合は、思いついたままどんどん打ち込むことができます。文章を打ちながら、いとも簡単に構成を整えることができるからです。また、文章に沿った写真や図表などを用いて表現することもしやすくなりました。5・6年では、文章と資料を合わせて説得的に書く活動が多く設定されているため、文章作成ソフトを用いると効果的です。さらに、グループで共同編集ができたり、友達の文章を途中共有、相互参照したり、「書くこと」の学習において創造的な学びができます。

4 「読むこと」では全体の考えを共有

「読むこと」の学習においても、ICTが活躍します。たとえば、物語文の学習で初発の感想を交流するとき、一人一人が発言すると、どうしても時間がかかってしまいます。それが、ICTを活用することで全員の初発の感想を瞬時にとらえることができるようになりました。以前は発言しなかった子どもの考えを知ることができ、その考えに対してコメントを付けることも可能です。「読むこと」では、考えの共有が適しているといえるでしょう。

ただし、共有機能ばかりを用いると、音声として言葉に出して表現する機会が少なくなってしまいます。ICTはあくまでも「手段」であり、「目的」に応じて効果的に活用することが大切です。「何のためのICT？ 誰のためのICT？」という教師自身への問いかけは、忘れないようにしたいですね。

固定化された授業とは
さようなら

　授業の流れが固定化されていませんか。毎時間同じ流れにすることで、子どもは学習の見通しをもてるようになりますが、授業のマンネリ化につながる場合もあるでしょう。めあてとまとめは、本当にセットで必要ですか？　学習の振り返りは必ず書く必要があるのですか？

　物語文のオーソドックスな授業展開です。

【オーソドックスな授業展開】
①学習課題（めあて）の把握→②考えを書く→③グループや全体での話し合い→④振り返り

　導入で学習課題をとらえます。その後10分で自分の考えを書いて、グループ話し合い、全体交流へ。最後は振り返り。そのような授業の流れをよく目にします。

　しかし、ここで問題が起きます。10分では自分の考えをまとめられないで終わる子どもが出てくることです。話し合いや振り返りの時間を十分に確保できないこともあるでしょう。

　そこで、授業の流れを「半ずらし」してみましょう。

【半ずらしの授業展開】
①グループや全体での話し合い→（②振り返り）→③学習課題（めあて）の把握→④考えを書く

　④のノートに考えを書く活動を前時に行います。そうすると、本時は導入から話し合いを始めることができます。その話し合いが終われば、振り返りは行わずに次時の学習課題に対する考えをノートに書きます。

　このように、学習の流れを「半ずらし」すると、上記の悩みが解決されます。子どもが考えを書く時間を十分に保障できるだけでなく、教師は子どものノートを放課後に見取ることができます。学習の振り返りは、毎時間必ず行う必要ありません。単元全体を見通して、学習状況の把握が必要なときに行えばよいのです。

第 4 章

国語の
指導技術

1 「発問」には どんなものがあるの?

1 発問はねらいをもって意図的に
2 「確かめる発問」で設定を確認する
3 「深める発問」で焦点化する
4 「広げる発問」で一人一人の個性を発揮する

1 曖昧な発問にしない

　1時間の授業を考えるとき、発問に悩みます。教師の発問から子どもたちの思考が活性化し、学びが深まることが理想です。しかし、教師の発問で子どもが混乱したり、学びが停滞したりするときがあります。また、一問一答のような発問で授業を進めてしまい、一部の子どもの発言だけで授業が進んでしまうことも悩みの種です。

　では、発問にはどのようなものがあるのでしょうか。ここでは、「読むこと」の授業を例に「確かめる発問」「深める発問」「広げる発問」の3つに分けて考えます。子どもを困惑させるような曖昧な発問ではなく、どのような発問が必要なのかを吟味できるようにしましょう。

2 正解がある「確かめる発問」

　まず「確かめる発問」です。確認のための発問ですから、明確な正解があります。この発問は一問一答になります。ということは、全員が答えることができるのです。発言を恥ずかしがったり、学習に支援が必要だったりする子どもも、この発問に答えることで学習の定着につながったり、自信をもったりすることができるでしょう。

　確かめる発問は、主に「設定」を尋ねます。物語文や説明文の設定には、おおよそ次のようなものが考えられます。

【物語文】
・題名　・作者　・場面　・登場人物（人数や登場の順番）　・あらすじ
・結末　・時間、季節、時代　・場所
【説明文】
・題名　・筆者　・段落　・構成（はじめ―中―終わり）　・問いと答え
・筆者の主張や考え

　授業の導入で、これらを短時間でリズムよく確かめ、学習の定着に結び付けることが大切です。それが次の「深める発問」や「広げる発問」につながります。

2 焦点化する「深める発問」

> この「青」という色は何を意味しているのでしょう？

　次は「深める発問」です。この発問には納得解、妥当解があります。焦点化する発問だととらえてください。「この言葉に着目したら、物語が深く味わえた」「筆者はこんな意図で説明していたんだ」など、子どもが新たな気付きを得たり、深く納得したりすることを目指します。

　そのため、教材のどこに焦点を当てればよいのか確かな教材研究が必要です。たとえば、「ごんぎつね」の「青いけむりが、まだつつ口から細く出ていました。」という最後の一文。上記のように「青」という色彩に焦点化して発問してみます。そうすると、「青」という色がもつ悲しさ、寂しさにごんや兵十の気持ちを重ねて味わうことができるでしょう。まさに「深める発問」です。このように、一つの言葉に焦点化した発問は「深める発問」の基本的なものといえそうです。

3 オープンエンドの「広げる発問」

> 次の日にルウは、どんな景色と出会うのでしょう？

　最後は「広げる発問」です。これはオープンエンドの発問です。一人一人の感じ方や考え方の違いに気付いたり、自分の考えを広げたりすることをねらいます。一人一人の子どもの個性が発揮される発問といえるでしょう。
「春風をたどって」（光村図書3年）で、アフターストーリーを想像するのは「広げる発問」の典型です。また、「みんなは筆者の書き方に納得する？　納得しない？」のように、読み手としての判断を促す場合も「広げる発問」といえるでしょう。

2 「対話」「会話」「発表」の違いは?

1 「対話」は自分の考えを深め、広げるためのもの
2 「対話」の姿は「手」と「声」に着目する
3 「対話」の一歩はノートを読ませないことから始まる

1 「対話」「会話」「発表」の違いは?

「個別最適な学び」「学習の自己調整」などと並び、「対話」が教育界のキーワードとなっています。子どもたちの対話であふれる教室は、教師なら誰もが目指したいものです。この「対話」と似ている言葉に、「発表」「会話」があります。では、「対話」「発表」「会話」は、どこが違うのでしょうか。

> **発表：意見の表出**
> 「私は〜だと思います」「僕は〜のように考えます」というように、意見を表出するだけで、考えと考えを比べたり、深めたりする側面は多くない
> **会話：親しい人同士でのおしゃべり**
> 共通の趣味や話題を通した日常的なやりとり
> **対話：相互のやりとりによって自分の考えを深めたり広げたりする**
> 自分の考えが広がったり、深まったり、新たな考えが生み出されたりする

　対話によって考えが揺さぶられたり、時には相手に問いかけたり…。その際、自分と考えが同じ人と話すだけでなく、異なる意見が出されることが重要です。そこから、新たな考えや価値が生み出されるからです。また、自分のものの見方や考え方を振り返ったり、とらえ直したりすることもあるでしょう。

2 対話を見取るポイント

　対話をしている子どもの姿を具体的にイメージしてみましょう。みなさんは、どのような姿を想像するでしょうか。どのような子どもの言葉や表情などが思

い浮かぶでしょうか。

（1）身振り手振り

　自分の考えを伝えたい。そんな思いに駆られるとき、人は身振り手振りを使って話すもの。私たちは、対話をするとき無意識のうちに手が動いているのです。

　では、教室の子どもたちはどうでしょうか。手が動いているでしょうか。もし、身振り手振りがないのだとしたら、教師自身がそういう子どもを育てようと思っていないか、手立てを講じていないかです。手が動く子どもを育てたいなら、手が動く子どもを価値付ければよいのです。「今、〇〇さんは身振り手振りで話しているよ。みんなに伝えようとしているから手が動くんだね。みんなも、そういうふうに話せるといいね」というように。そうして、少しずつ身振り手振りを使って語れる子どもを増やしていけるとよいでしょう。

（2）声

　手が動くと自然と声に抑揚がつきます。当然です。友達に思いを届けたい、わかってほしいのですから。その際、重要なのは語尾に着目することです。

「〜ですよね」「〜じゃん」「〜じゃないかな」「〜でしょう」「〜ですか」

　対話をしているとき、私たちは自然と語尾が上がります。この語尾を上げて語ることにより、聞き手も「うん」「そうそう」「そこまではわかったよ」と反応し、相づちを打つことができます。語尾が上がることにより、一方向ではなく双方向のやりとりになるのです。身振り手振りと声。この2点を意識しながら、頭の得と心の得である対話になっているのかを見つめましょう。

3　対話へのスタートライン

　対話に向けた第一歩として、「ノートを読ませない」ことから始めてみましょう。ノートを読むと、絶対に身振り手振りは生まれません。声に抑揚が付くことも、語尾が上がることもないでしょう。ノートを読む段階で「対話」ではなく「発表」になってしまいます。ノートはあくまでもメモ。子どもの発達段階に応じて、ノートを読ませない指導をすることが大切です。

　ノートを読まないと「う〜んと」「え〜と」のように、発話の合間に挟む言葉（フィラー）が多くなります。それを肯定的に価値付けます。子どもは考えて考えて、一生懸命伝えようとしているのですから、最初はたどたどしくても大丈夫。対話への第一歩は、ノートを読まないことから始まるのです。

3 子どもの発言を つなげよう

1 「〇〇さんにつけたし」発言に友達の名前が出る
2 問いかけと価値付けが、発言のつながりを生み出す
3 意図的な指名で子どもの発言をつなぐ

1 子どもの発言に友達の名前が出ていますか?

　授業を参観していると、話し合いがぶつ切りのように感じられるときがあります。発言と発言につながりがなく、それぞれが言いっぱなしで終わっているような状態です。子どもの発言をつなげたい。でも、子どもの発言がつながらない。では、どうすれば発言につながりが生まれるのでしょうか。

　ポイントは、子どもが「友達の名前を出して発言できているか」です。「〇〇さんにつけたしで〜」「〇〇さんと似ていて〜」のような発言です。友達の名前が出るだけで、発言と発言につながりが生まれます。「〇〇さんの考えとは違うんだけど〜」というのも、発言のつながりに当たります。みなさんの教室では、友達の名前が出ているでしょうか。子どもが前に発言した友達の名前を言う。そこから、つながりが生まれます。

2 友達の名前が出るための教師の問いかけや価値付け

　どうしたら、友達の名前を出して発言できるようになるのでしょう。大切なことは、教師が「今の発言は〇〇さんと似ていたね」と価値付けること。さらに、「その発言は誰の考えと似ていたかな?」と問いかけ、「次は友達の名前が出るように話せるといいね」と伝えることも有効な手立てです。「〇〇さんにつけたしで〜」と発言する子どもがいたら、チャンスです。「今の発言でいいところがあったよね?」と学級全体に問いかけたり、「友達の名前が出ると発言につながりが生まれるね」と価値付けたりしましょう。あるいは、「今、〇

〇さんの名前が出てきたけど、どんな気持ちがする？」と尋ねることもできます。

　友達から自分の名前が出されると、「発言してよかった」「聞いてくれてありがとう」、子どもはそんな気持ちになるに違いありません。友達の名前が出ることは発言につながりが生まれるだけでなく、子ども同士の心と心をつなげることにもなるはずです。ぜひ、学級につながりの輪を広げましょう。

3　指名の順序、指名の方法を考えよう

　子どもの発言をつなぐには、教師の指名も鍵を握ります。学級全体で話し合うとき、教師の指名で授業が展開します。相互指名や自由発表などのような形もありますが、ここでは教師の指名について説明します。

　たとえば、本時のねらいに迫る深い考えをもったAさんがいるとします。そのとき、教師はAさんを授業の最初に指名するでしょうか。たいていの場合、そうはしません。最初にAさんを指名しても、多くの子どもがその発言を理解することができないからです。そうすると、その後の発言が続かず、授業そのものが成立しなくなってしまいます。

　子どもの発言をつなげるには、教師が「誰を」「どのような順序」で指名するかが大切です。「つけたし」「似ていて」と、子ども同士の発言がつながるような考えをもっている子どもから指名し、Aさんのような子どもは授業の中盤あたりに指名するのが基本的な流れです。

　そして、そのためには教師が子どもの考えを事前に把握することが不可欠です。放課後にノートを見取ったり、机間指導で大まかな考えをとらえたりして効果的な指名につなげましょう。

　ただし、すべての子どもの考えを把握して授業に臨むのは現実的ではありません。そこで、手を挙げる際に「つけたし」「似ていて」などと子ども自身が自分の立場を言葉で発するようにしてはいかがでしょうか。あるいは、ハンドサインを使うことも考えられます。

「つけたし」「似ていて」「賛成」　　「違って」「反対」　　「質問」

　いずれにしろ、学級の実態や発達段階に応じて、子どもの発言がつながり、深まるような手立てを講じることが大切です。

4 つなぎ言葉を使って発言できるようにする

1 「発言をつなげる」「考えを深める」「考えをまとめる」
2 発問や子どもの発言への手助けに用いる
3 ノートにつなぎ言葉を使えているのかを確かめる

1 つなぎ言葉を使って発言してみよう

　授業で友達の名前が出るようになったら、つなぎ言葉を用いて発言できるようにしましょう。つなぎ言葉というくらいですから、発言と発言、考えと考えをつなげる働きをするはずです。また、つなぎ言葉を用いることで授業がぐっと深まります。ここでは、国語の授業で効果的に使えるつなぎ言葉を4つ例示します。

（1）「でも」

　相手の考えに反論するときに用います。「私はAだと思うよ」「でも、僕はBだと思うな」のように、「でも」を用いて対話をすることで考えに深まりが生まれます。「でも」は、相手を非難する言葉ではありません。自分たちの考えを深める働きをするのです。

（2）「もし」

　仮定を表すつなぎ言葉です。私たちは物事を考える際に「もし〜だったら」と思考することが多いのではないでしょうか。たとえば「もし、子どもたちが考えを書けなかったら、他の手立てが必要だな」というように。こう考えると、「もし」は、「でも」と同じように思考を深めるための大切な言葉だといえそうです。

（3）「たとえば」

　話が抽象的でわかりにくい。そんなとき「たとえば〜」と具体的に説明されて、視界がパッと開けた経験は誰もがあるでしょう。説明が上手な人は、聞き手が理解しやすいように具体的に話すことが得意です。

（4）「ということは」

「つまり」と同様に結論を導いたり、まとめたりする際に用います。授業で子どもの考えがたくさん出されたとします。でも、それだけで終わると消化不良。そこで「ということは、昼の豆太はやんちゃな性格なんだね」というように子どもがまとめるとどうでしょう。そうすると、「じゃあ、次は夜の豆太を考えてみよう」と新たな展開へとつなげることもできるのです。

2 つなぎ言葉を発問に生かし、子どもの発言を助けよう

　つなぎ言葉は、教師の発問にも効果的に用いることができます。代表的なものとしては「もし」があります。「もし、『白いぼうし』が『黒いぼうし』だったら？」「もし、この言葉がなかったら？」のように、言葉へのイメージを膨らませるような発問をする際に効果的です。「もし、自分だったら？」のように登場人物と自分とを置き換えて考えるときにも用いることができます。また、「たとえば、どんなものがあるかな？」と具体的な例を問うたり、「つまり、どういうことかな？」と発言をまとめたりする際に発問します。

　発問以外に、つなぎ言葉で子どもの発言を助けることができます。子どもが発言しているときに詰まってしまって言えなくなるときがありませんか。そんなとき、「だから〜」「つまり〜」と教師がつなぎ言葉を発すると、子どもはその後に続けて自分の考えを伝えやすくなります。

3 子どものノート、つなぎ言葉を使えていますか？

　つなぎ言葉は話し合いに役立つだけでなく、書くことでも重要な働きをします。子どもの考えが書かれたノート、一度じっくり読んでみてください。そこに、つなぎ言葉は使われているでしょうか。

　先ほど紹介した4つのつなぎ言葉以外にも、「そして」「しかし」「だから」「まず」など、私たちはたくさんのつなぎ言葉を使って文章を書いています。つなぎ言葉を効果的に用いて書いている子どもは、思考力が高く、論理的に考えることができます。反対に、つなぎ言葉を使えない子どももいます。箇条書きでしか書けない子どもがその典型です。あるいは、「〜で、〜で、〜で…」というように一文が長くなってしまう子どもです。そのような子どもには、一文を短くして句点（。）を打つように指導し、次につながるつなぎ言葉を一緒に考えるようにしましょう。

5 比べてみると見えてくる

1 比べることで言葉の世界を開く
2 言葉を削って比べる
3 言葉を置き換えて比べる
4 「話すこと・聞くこと」「書くこと」では
　悪文を作って提示する

1 言葉への見方や考え方を育むために

　国語科は言葉の力を育む教科です。1つの言葉や文からイメージを膨らませたり、想像豊かに解釈したりすることは実に楽しいことです。その際に、1つの言葉のみから想像するのではなく、別の言葉と比べて考えてみます。比べてみると見えてくる言葉の世界。ぜひ、味わってください。

2 言葉を削って比べる

　比べる方法は大きく2つに分けられます。まずは「言葉を削って比べる」です。実際に考えてみましょう。「モチモチの木」（3年）の冒頭です（A）。

A　全く、豆太ほどおくびょうなやつはない。
B　　　　　豆太ほどおくびょうなやつはない。

　この一文から、語り手の豆太への見方が想像できます。そこで、「全く」を削って比べて考えます（B）。「全く」を削ることにより、「全く」に込められた語り手の豆太への見方が浮き彫りになってくるのではないでしょうか。「『全く』があるから、語り手は豆太にあきれている感じがする」「『全く』がないと、語り手の豆太へのあきれた感じがしないよ」といった考えが出されるでしょう。立ち止まりたい言葉があれば、その言葉を削って比べて考えます。

3 言葉を置き換えて比べる

　次は、「言葉を置き換えて比べる」。書き手は、言葉一つ一つに意味を込めて

綴っています。その言葉を別の言葉に置き換えて比べることで、登場人物の気持ちや様子などが想像しやすくなります。「スイミー」を例に考えてみます。

> A　それから、とつぜん、スイミーはさけんだ。
> B　それから、とつぜん、スイミーは言った。

　スイミーは、「言う」のではなく「さけぶ」のです。もしも「言った」だとしたらどうでしょう。スイミーが必死に考えて素晴らしい案を思いついたときの気持ちが、読み手には伝わってこないでしょう。こうして置き換えて比べるからこそ、スイミーの「さけんだ」声の大きさ、気持ちがより想像しやすくなるのです。

　では、どんな言葉を置き換えると効果的なのでしょうか。

> ①複合語　「はねおきる」と「おきる」（「三年とうげ」3年）
> ②オノマトペ　「ばたり」と「ぱたり」（「ごんぎつね」4年）
> ③色彩　「白いぼうし」と「黒いぼうし」（「白いぼうし」4年）
> ④文末　「残雪です。」と「残雪でした。」（「大造じいさんとガン」5年）

　代表的なものを挙げてみました。置き換えて比べることで、登場人物の気持ちや場面の様子などを、子どもが想像しやすくなるはずです。

4　「話すこと・聞くこと」「書くこと」の授業にも生かして

　比べることは「読むこと」だけでなく、「話すこと・聞くこと」「書くこと」の学習でも効果的に用いることができます。たとえば、「書くこと」の教材では教科書にモデル文が例示されており、子どもはそれを参考にしながら書いていきます。

　そこで、教科書のモデル文をもとに教師があえて悪文を作ります。そして、「どちらがよりよい文章だろう」と問いかけ、双方を提示します。たとえば「漢字を使わない」「句読点を打たない」「段落を分けない」「敬体と常体が混在している」というように。よい文章と悪い文章を比べることで「どこがダメなのか」「どうして読みにくいのか」「どこに気を付けて書けばよいのか」などを子どもは実感しやすくなり、自分の文章に生かすことができるでしょう。

　「話すこと・聞くこと」の学習でも、話し方、資料の提示の仕方、聞き方、話し合い方について悪い例（Bad Model）を出して、考えてみるとよいですね。

 # 机間指導で何をするの？

1 漠然とした机間指導をしないことが大切
2 机間指導で褒める、価値付ける
3 学習のねらいに応じて個に応じた指導を行う
4 個の活動から一斉指導へと戻す

1 机間指導を見つめ直そう

　授業中の机間指導。あまりにも日常的に行うため、気を付けないとただ子どもの座席を行ったり来たりしているだけ…ということにもなりかねません。また、いつも特定の子どもばかりに話しかけていたり、机間指導の間に教室が騒がしくなっていたりしたことはありませんか。そこで、あらためて机間指導について考えてみましょう。

　机間指導の前に、まず教室前方から全体を見つめます。鉛筆が走っていない子はいないか、学習課題がとらえられず浮かない表情をしている子はいないか、話し合いが停滞しているグループはないか。そのような視点で全体を俯瞰して観察します。そこから、どの子に支援を行うのかを判断します。難しいのが、鉛筆が走っていない子がもう少しすれば自分の力で考えを書ける可能性があるかもしれないということです。そういうタイミングや状況に応じた判断を迫られる机間指導。だからこそ、普段からの子どもを見つめる教師のまなざし、児童理解が大切です。

　机間指導で気を付けたいポイントは、次の5点です。

1　いつ、どのように個人やグループを回るのかを考える
2　どのような言葉をかけるのか、支援の言葉を吟味する
3　子どもに声をかけるタイミングを見極める
4　子どもが集中しているとき、教師の声が全体の思考を遮る場合がある
5　1人や1グループに対応しながら、必ず全体の様子に気を配る

2 子どもを褒め、価値付けていますか？

　机間指導は「できない子への支援」という側面だけではありません。子どもがノートに書いた考えを褒めるチャンスです。しかし、机間指導で褒めることはなかなか難しいですよね。褒めるためには、教師が褒めるためのポイントをもっている必要があります。そのためには、本時のねらいを具体的にイメージしておくことが大切です。「事例の順序がわかりやすく書けているよ」「双括型で書いているから、考えが読み手に伝わりやすいね」…。教師が具体的に褒める言葉を一つでも多くもちたいですね。

　さらに、価値付けも大切です。教師が具体的に価値付けることにより、子どもは今後もその見方や考え方を生かせるようになるからです。「情景によく気付いたね。情景から登場人物の気持ちが想像できるんだね」と伝えれば、子どもはこれからも情景に着目して物語を読んでいくに違いありません。

3 「褒める」「価値付ける」以外にも

　ここまで、机間指導の「褒める」「価値付ける」をみてきました。それ以外にも机間指導では、先述したように個に応じた指導が求められます。考えを書き終えた子どもへの指導も必要でしょう。

　たとえば、物語文の学習で登場人物の気持ちを読み取るとき、「うれしい」「悲しい」などのありきたりな言葉しか書いていないことがありませんか。そういう場合は、教師の声かけが欠かせません。「『うれしい』は、他にどんな言葉で表せるかな？」などと声をかけて、子どもが語彙を拡充できるようにしましょう。

　また、子どものノートには、どこから考えを形成したのか叙述を踏まえていないことがよくあります。その際には、「その考えは、教科書のどこから考えたのかな？」と、子どもが叙述を意識できるように声をかけましょう。

4 机間指導で全体の状況を把握する

　机間指導をしていると、多くの子どもが学習課題を的確にとらえていないことがわかるときがあります。そんなとき、一人一人個別に対応していては、いくら時間があっても足りません。そういう場合は、すぐに一斉指導へと切り替えます。全体に向けて、学習課題をもう一度具体的に説明するのです。机間指導から、教師の指示や説明が子どもに伝わっているかどうかが見えてきます。

7 どのように板書をするの?

1 1時間の学習の流れがわかる板書を目指す
2 学級全体で学習の振り返りを行う
3 板書で授業のリズムを崩さない

1 基本的な板書のつくり方を知ろう

　1時間の授業の流れや子どもの考えが見えるような板書を目指します。休み時間にある先生の教室に入ったところ、残されていた板書を見ただけで授業の流れを把握することができました。まさに理想的な板書です。

　そんな板書であれば、授業中に子どもは板書をよりどころに発言をすることができるでしょう。板書は子どもの思考を深めたり、広げたりする手立てとなるのです。教師も板書を指し示しながら発問などをすることができます。

　国語科の板書は、縦書きという点が特徴です。漢字は大きく、ひらがなは小さく書き、文のバランスを整えます。物語文や説明文の学習では挿絵や叙述を書いた短冊を準備することが考えられます。ネームプレートを子どもの考えの上に貼ると、誰の発言なのかを一目で把握することができます。

2 1時間の板書、すぐに消していませんか?

　板書は、1時間の貴重な学びの足跡です。すぐに消すのはもったいない。せっかくの板書ですから、有効活用を目指しましょう。

　そこで、1時間の授業が終わった後、板書をもとに学級全体で振り返りをすることをおすすめします。子どもの発達段階や実態によっては、個人での振り返りが難しい場合もあるでしょう。

　その際には、教師が本時の学びの要点や子どもの考えを指し示しながら振り返ります。その授業で大切なことを確認したり、印象に残った友達の発言を聞

いたりするとよいでしょう。先生が子どもの発言のよさを価値付けることもできます。また、板書の写真を撮り、端末にアップしておけば、いつでも子どもとその時間の学びを振り返ることができるでしょう。

3 板書でリズムを崩さない

　板書のメリットが記録に残ることだとすれば、デメリットは授業のリズムを崩してしまうことです。子どもが発言したくて挙手をしているのに、教師が背中を向けて板書をしている。これは、授業のリズムを崩している典型です。授業のリズムが崩れると、子どもはだんだんと集中力を失っていきます。

　では、どうすればよいのでしょう。基本的には、子どもの発言の要点を絞って短くまとめて書くことが大切です。そのためにも、机間指導で子どもの考えを大まかに把握しておきます。教師は子どもの発言を先回りして、予測しながら聞くことができます。そうすると、板書にかかる時間は大幅に短縮でき、すぐに次の子どもを指名することができるでしょう。板書で授業のリズムを崩さない。なかなか難しいことですが、日々の授業を通して意識できるようになるとよいでしょう。数人の発言を受け、まとめて板書する方法もあります。

第**4**章　国語の指導技術

【板書例】

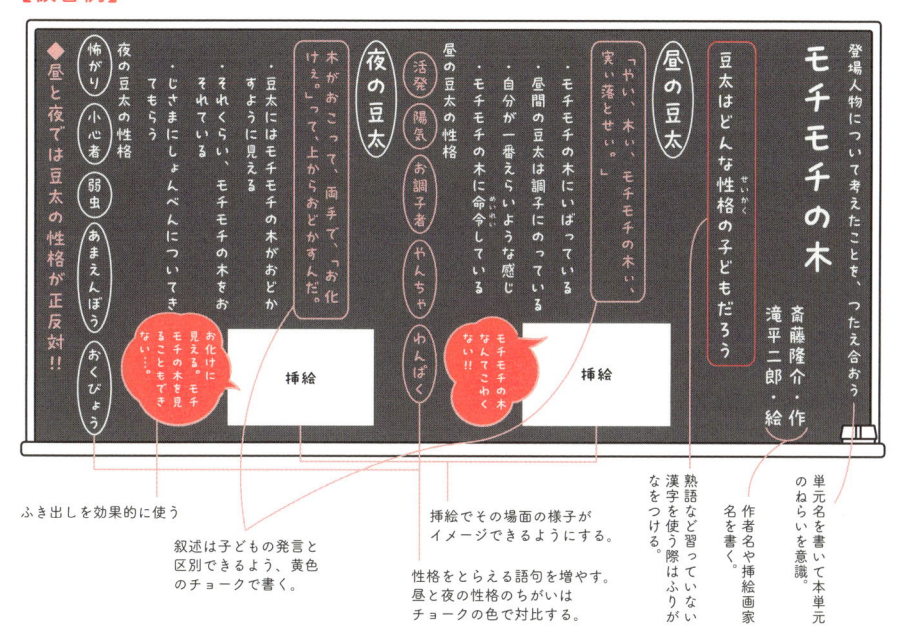

ふき出しを効果的に使う

叙述は子どもの発言と区別できるよう、黄色のチョークで書く。

挿絵でその場面の様子がイメージできるようにする。

性格をとらえる語句を増やす。昼と夜の性格のちがいはチョークの色で対比する。

熟語など習っていない漢字を使う際はふりがなをつける。

作者名や挿絵画家名を書く。

単元名を書いて本単元のねらいを意識。

⑧ 学習形態、場の設定を考えよう

1 1時間の授業の中に、ペアやグループでの活動を入れる
2 ペアやグループの人数はベターな選択を
3 子どもの必要性があるときに、
　ペアやグループでの話し合いを入れる

1 今、一斉授業を考える

　1人1台端末環境が実現し、「個別最適な学び」が求められる中、一斉授業に対する批判の声が聞こえてくるようになりました。では、一斉授業は時代遅れの学習なのかというと、決してそうではないでしょう。自分とは異なる他者と、異なる考えを出し合い、対話を通して学びを深めることができるのですから。

　では、どうしてそこまで批判の的にされるのでしょうか。それは一部の「できる」「わかる」子どものみが発言し、それ以外の子どもはただ黙って座っているだけ…という授業になっているからです。一斉授業は、一人一人が大勢の中に埋もれてしまい、学びに対して他人事になりやすい側面があります。そのため、「いつも決まった子しか発言しない」という悩みを抱える先生は少なくありません。

　そこで、場の設定をするコーディネーターとしての教師の役割が重要です。学習形態を「個」「ペアやグループ」「全体」と効果的に分け、子どもを学びから置き去りしないような場の設定を考えてみましょう。

2 ペアがいいの？　それともグループでの話し合い？　人数はどうする？

　ペアやグループで話し合う場面に絞って考えてみます。1時間の授業の中に、ペアやグループで話し合う場を設定することは大切ですが、何人で話し合うのがよいのでしょう。ペア？　3人？　それとも4人？　結論をいえば正解はなく、学級の状況や学習のねらいに応じて決めればよいのです。重要なのは、それぞれの人数のメリットとデメリットを把握することです。

ペアならば、低学年から簡単に取り入れることができます。「隣の友達と話し合ってごらん」と言えば、子どもは席を移動することなくスムーズに話し合いをすることができます。しかし、相手が何も話せなかったり、考えの幅が広がりにくかったりする面があります。その点、3〜4人グループは、多くの考えに触れることのできる人数です。ただし、人数が増えるほど話し合いに参加できない子もいることは把握しなければいけません。

ペアのメリット
時間をかけずにできる。必ず話せる。

グループのメリット
多様な考えを聞ける

　最近は固定的なグループを決めることなく、自由に立ち歩いて友達と話し合う授業をよく見かけます。自分と同じ考えの友達と話したい、反対に異なる立場の友達の意見も聞いてみたい。このように自己判断を促す活動は、大きな意味があるように思います。ただし、いつも特定の友達とばかり話していないか、話し合いに参加できずにいる子はいないか、教師が的確に見取り、適切な指導を行う必要があることはいうまでもありません。

3　ペアやグループの話し合いに「もどす」教師のファシリテート

　では、いつ、どのタイミングで、ペアやグループでの話し合いを取り入れればよいのでしょうか。基本的には、子どもがペアやグループで話す必要性がある場合に設定します。

　たとえば、授業の中盤で発問をします。そのときに、その発問に瞬時に答えることのできる子どもは数人だとします。もし、そのまま授業を進めてしまうと、多くの子どもは授業からとり残されてしまいます。こういうときに、ペアやグループでの話し合いを入れるのです。一度、ペアやグループに話し合いの場を「もどす」のです。これは教師の「授業をファシリテートする力」といえるでしょう。

　時には、「ここでグループの時間は必要？」と教師が子どもに問いかけて、子どもに選択する機会を与えてみましょう。そうすると、次第に「先生、ちょっとグループで話し合いたいです！」と、子どもから求めるようになるはずです。

⑨ ノート指導のコツ

1 ノートに考えを書けない子を育てない
2 工夫がある個性的なノートづくりを
3 使い終わったノートは、過去の学びの宝箱
4 ノートへのコメントがもつ意義

1 国語のノート、使っていますか？

　国語の授業でノートとワークシート、どちらをメインとして使っていますか。ノートよりワークシートを使用することが多いのではないでしょうか。

　教師が学習のねらいに応じて自作したワークシートには、一定の価値があります。ですが、いつもワークシートでお膳立てをしてよいのでしょうか。教師が道筋を示したワークシートにしか自分の考えを書けないようでは困ります。今一度、国語のノートについて考えてみましょう。

2 思考を記録するためのノート

　ノートを書く目的の一つは、学習課題に対する自分の考えをまとめること。「思考を記録するためのノート」ということができそうです。子どもはそこで、自分なりのノートのまとめ方を学んでいきます。

　あるとき、物語文の授業で考えをまとめる際、ノートに人物相関図を付け加えて書いている子に出会いました。自分なりに図を入れた方が人物同士の関係をとらえやすいと判断したのでしょう。その子のノートを紹介すると、次の学習から同じように相関図を書く子どもが続出しました。しかし、すべてを真似していないのです。登場人物の配置を変えたり、気持ちや性格を書いたり、大切な描写を書き出したりと工夫している様子が見られました。一人一人の個性が表れたノートを、学級全体で見合うのも効果的でしょう。

3 使い終わったノート、どうしていますか？

　ノートは、これまでの学びの大切な足跡です。ですから、子どもがノートを振り返る習慣を付けましょう。「大造じいさんとガン」の学習の際、子どもがノートをめくり「たずねびと」（光村図書5年）の学習を参考に情景を想像していたらどう思いますか。とっても素敵な学びの姿だと思いませんか。

　過去の学びが蓄積されたノートは、子どもにとって大切なよりどころ。だから、ノートは捨ててはいけないのです。1冊のノートが終わっても、教室に保管していつでも振り返ることができるようにしましょう。あるいは、製本テープでノートを合冊することも有効な手立てです。現在の学びと過去の学び、現在の教材と過去の教材。子どものノートがつなげます。

4 ノートへの教師のコメントは？

　多忙な学校現場。子どものノートを見取るだけでも大変です。スタンプを押して子どもに返すのが精一杯。それなのにノートにコメントを書くなんて…。そんな先生方の声が聞こえてきそうです。しかし、子どものノートへのコメントは大きな教育的価値をもっています。

（1）子どもの考えを褒め、発言へつなげるコメント

○○によく気付いたね。発表してみんなに伝えてくれたらうれしいな。

　基本的には、子どもの考えを認めたいものです。コメントによって子どもが自分の考えの価値を自覚できます。発言に自信のない子、恥ずかしい子。そんな子が先生のコメントで自信をもち、発表できたら素敵です。

（2）教科書の叙述に立ち戻れるためのコメント

どこからそう考えたの？　それを付け加えて発表しよう！

　子どもの考えに叙述が根拠として書かれていないことはよくあります。そういうとき、もう一度教科書に立ち戻れるようなコメントを残しましょう。

（3）学習理解の定着を図るコメント

そうだね。自分の伝えたいことを書くには、「双括型」が効果的だね。

　子どもの考えを受け止めたうえで、学習の定着を図るコメントを残します。

　他にもコメントの価値や意義はあるでしょう。ぜひ、目の前の一人一人に合った言葉を考え、先生らしいコメントを子どもに届けましょう。

1 ねらいをとらえ、題材を工夫する
2 話し合い活動、あえて止めて指導する
3 資料の作成はスライドで
　ただし派手な演出には注意

1 「話すこと・聞くこと」の授業の前に

　まずは、教科書を開いて「話すこと・聞くこと」のページを見てみます。「話すこと・聞くこと」には、「話すこと」「聞くこと」「話し合うこと」の3つの活動があります。本単元では、その3つの活動の中で、どの力を身に付けてほしいのかを確認します。

　次は、題材です。第2章5でも説明したように、教科書の題材は、あくまでも例示としてとらえましょう。教科書という媒体上、その地域の子どもと題材の距離が遠かったり、目の前の子どもの実態から授業を展開するのが難しい題材があったりするのも事実です。子どもが「話したい！」「聞きたい！」「話し合いたい！」と思うような題材を探すのは、教材研究の醍醐味です。

2 話し合い活動における支援のポイントは？

　1・2年はペアや少人数で話し合い、3・4年からは司会者、提案者、参加者などの役割を理解し、グループや学級全体で話題に沿って話し合う活動を行います。教科書には「1年生に紹介するおすすめの本を決める」「グループでの合言葉を決める」などの活動が載っています。結論を1つにまとめることに重点を置いた話し合いです。

　しかし、実際の授業を見ると、それぞれの役割を果たせていなかったり、沈黙が続いていたりする場面を見かけます。意見がまとまらず、グループ内で口論になってしまうこともよく聞く悩みです。全体での話し合いに比べ、グループでの

話し合いは、見取りにくいからこそ、教師の適切な指導や声かけが必要です。

（1）話し合いを止めることを恐れない

　話し合いがうまくいっていないのに、そのまま授業を進めては本時の目標に到達することができません。話し合いを止めてよいのか悩むかもしれませんが、思い切ってストップすることも指導の1つです。「どうしてうまくいかないのか」「どうすればよりよく進めることができるのか」などを全体で考え、再びグループの話し合いに戻しましょう。

（2）グループのよさを全体へと波及させる

　多くの友達が発言できるように意見を整理しながら進行する司会者。議題について自分の考えを最初に伝える提案者。進行に沿って自分の考えとその理由を的確に伝える参加者。発言の内容をわかりやすく整理する記録者。自分の役割を適切に果たしている子どもの姿に出会います。そんなときも話し合いを止め、全体へそのよさを伝えることが考えられます。ただし、話し合いを中断することが多くなりすぎないように配慮することは必要です。

（3）よいグループの話し合いを見合う

　円滑に話し合いが進んでいるグループの活動を見合うことも効果的です。「どんな点がよいのか」「どうしてうまく話し合いが進むのか」。そのような観点で見合いながら、自分たちの活動に取り入れることができるようにしましょう。

3　高学年ではスライドを活用してスピーチ

「話すこと・聞くこと」では、ICT端末を効果的に活用できます。高学年では、資料を活用して自分の考えを伝える力を育む単元が設定されています。ICT端末が導入されるまでは、これが大変でした。子どもたちは、画用紙に絵や図を描いたり、必要な文を書いたり…。資料の作成は個人の能力差が大きいため、モチベーションを保てない子どもが学級に何人も見られたものです。

　しかし、現在はICT端末のスライド機能が使えます。スライドの活用で時間も大幅に短縮できます。写真や図表を用いることがいとも簡単にでき、資料を用いて自分の考えを効果的に伝えやすくなったのです。

　ただし、資料の作成には落とし穴が存在します。子どもたちの目的がスライドをつくることになってしまうのです。意味のないスライドを大量に作ったり、背景や文字がカラフルで見にくかったり…。アニメーション機能も、付け過ぎると逆効果です。スライドで資料を作成するときは、これらの点に注意しましょう。

11 「書くこと」のポイントは?

1 題材との距離を見つめる
2 ねらいを明確にし、評価をしぼる
3 手書きと端末の使い分けは意図的に設定する
4 孤独ではなく、協働的な学びにする

1 題材との距離を短くする

　どの学級にも、書くことが苦手な子どもがいます。地域や学級の実態により、教科書に例示されている題材だと書くことへの意欲をもてない子もいるでしょう。書くことは、題材の見極めが大切です。「話すこと・聞くこと」と同様に、子どもと題材との距離を見つめましょう。「自然環境を守るために」（光村図書5年）という単元があります。温暖化や絶滅危惧種の増加など関心のある内容を調べ、自分の意見を書く活動です。しかし、書くことに抵抗がある子どもは、そもそも調べて書きたい内容を選ぶことが難しいもの。最初につまずくと、その後の活動に意欲を持続することが難しくなってしまいます。

　そこで、教師が内容やテーマを例示します。「学校の昼食は、給食とお弁当のどちらがよいか」「学校にスマホを持ってきてもよいかどうか」などが考えられます。子どもの興味や関心に応じて複数示すことで、「これなら書けるかもしれない」「このテーマで書きたいな」という気持ちが生まれやすくなるでしょう。

2 単元で身に付けてほしい力を明確にする

「書く題材を自分で決めることも大切なのでは？」という考えも確かにあります。自分で題材を選び、その題材について、書く内容を集めることは学習指導要領に示されている指導事項です。しかし、その単元で身に付けさせたい力は題材を選び、内容を収集、選択する力なのでしょうか。指導書を見て指導事項を確認します。「書くこと」で身に付けさせたい力は、全部で5つあります。ですが、

一単元でそれらすべての力を育むのは現実的ではありません。目指すねらいを明確にし、焦点化して単元を構想することが大切です。

そのため、目標に応じて教師が題材や、それに関連する内容を例示することに問題はありません。そうすれば、学習時間が短縮でき、その後の主たる活動にウエイトを置いた単元構想ができるのです。

3 手書きとICT端末との使い分け

「書くこと」において、手書きとICT端末をどう使い分けるのか。そのような悩みをよく聞きます。ここでは、構成を例に手書きとICT端末の使い分けについて考えてみたいと思います。

文章を書く前には「はじめ—中—終わり」などの構成を考えます。「構成メモ」というワークシートを使って指導することが多くあります。そこで役に立つのが付箋です。考えたことや必要なことを付箋に書いて、ワークシートに貼っていきます。ある程度貼れたら、全体を見つめます。不要だと思った付箋は外し、事例の順序を入れ替えることも簡単に行えます。「考え」は赤、「事例」は黄のように、付箋の色を複数使うとさらに効果的です。

このような構成を考える際に、ICT端末を活用することもできます。付箋機能を用いたアプリを用いるのです。アプリによっては、学級全体の活動の様子を把握することもできます。相互参照や途中共有ができるので、友達の構成を自分の構成に生かすことができるようになりました。

子どもにとって、個別最適な学習が大切なことは言うまでもありません。最終的には、子どもが手書きかICT端末かを自分の特性や題材に応じて選べるようになるとよいでしょう。そのためにも、教師が1年の中で手書きとICT端末それぞれを使う単元を意図的に設定することが重要です。

4 孤独な書くことの学習になっていませんか?

書くことは孤独な活動です。大人である私たちでも、書くことが得意だと胸を張って言うことはなかなかできません。子どもならなおさらです。題材選びから苦しんでいる子はいませんか。書き出しが決まらずに悩んでいる子はいませんか。書くことを孤独な学習にしてはいけません。協働的な学びにするのです。友達と題材を選んだり、書き方のアイデアを共有したり、一緒に推敲したりして、自分の書き方のよさを実感できる子どもを育てましょう。

12 「読むこと」の ポイントは?

1 まずは自分の考えをもつことが大切
2 「根拠」「理由」「主張」で説得力のある発言を
3 初発の感想は観点をもって書くようにする

1 話し合いで考えを広げたり深めたりするには

　友達と考えの交流を通して、自分の考えを広げたり深めたりすることがねらいの一つです。

　そのためには、自分の考えをもつことが何よりも大切です。そもそも自分の考えがなければ、深まりも広がりも実感することは難しいからです。とはいえ、自分の考えをなかなかノートに書けない子もいます。

　そこで考えたいのは、「考えをもっているが書けない」のか「そもそも考えがもてなくて書けない」のかということです。この両者では課題も支援の方向も全く違います。ノートに書けない子がいたら、まず子どもの考えを聞いてみましょう。子どもが自分の考えを伝えられれば、考えはもっているということです。たとえノートに書けなくても、その子は自分の考えを発表することができますし、自分の考えを広げたり深めたりできるはずです。

　問題は、考えがもてなくて書けない子どもです。より手厚い支援が必要です。まず、はっきりと音読ができるか確かめましょう。音読を聞くことで、子どもの理解をある程度知ることができます。たどたどしい音読ならば、教師の後に続けて読むように促し、すらすらと読めるようにします。そして、教師から「このときの人物の気持ちはAとBのどちらだと思う?」と選択肢を出したり、「どこから考えられるかな?」と教科書の叙述に戻したりして、自分の考えをもてるように支援していきましょう。

2 子どもが説得力のある発言をするには？

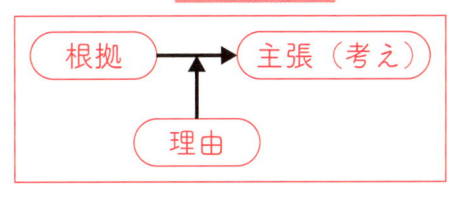

三角ロジック

「読むこと」の学習では、「根拠」「理由」「主張（考え）」の3点を用いて自分の考えを伝えたり、書いたりすることが大切です。これは「三角ロジック」として広く知られています。

この3点がそろってこそ、説得力のある発言につながります。「ごんぎつね」（4年）で解説します。

> 「青いけむりが、つつ口から細く出ている（根拠）。だから、兵十は後悔していると思う。（考え）」

　これだと、「理由」がないため、どうして兵十は後悔していると考えたのか発言の真意がわかりません。そこで、この発言に「理由」を付け加えてみます。

> 「青いけむりが、つつ口から細く出ている（根拠）。青という色は、切なく悲しみを表しているから（理由）、兵十は後悔していると思う。（考え）」

　どちらの考えが伝わりやすいのか、一目瞭然ではないでしょうか。子どものノートや発言を見ると、「根拠はあるが理由がない」「理由はあるが根拠がない」ものが多くあります。そんなときは、「どうしてそう思ったの？（理由）」「どこからそう考えたの？（根拠）」と問いかけましょう。ポイントは「根拠」「理由」「主張（考え）」の3点セットです。

3 初発の感想は自由に書かせるの？

　初発の感想を必ず書く必要はないのですが、教師が子どもの最初の考えを把握して授業に生かす際には有効です。また、子どもが単元終わりの感想と比べ、自分の理解の深まりを知ることができます。ただし、初発の感想は自由に書かせるのではなく、ねらいに応じて観点を示すことが大切です。

　たとえば「登場人物について思ったこと」「おもしろかったこと」「不思議だなと思ったこと」「みんなで考えてみたいこと」など、ポイントを示しましょう。光村図書の学習の手引きには、「問いをもとう」というコーナーが設置されています。そこには、単元の学習のねらいに迫る問いが示されています。それを参考にして、初発の感想を書くように投げかけることが考えられます（「初発の感想」については第3章4でも解説しています）。

13 〔知識及び技能〕のポイントは？

1 〔思考力、判断力、表現力等〕とセットで定着を図る
2 相性のよい組み合わせを考え、語句の量を増やす
3 自分の理解を助ける「音読」高学年は「朗読」へ
4 比喩や反復は1・2年から少しずつ

1 基本は〔思考力、判断力、表現力等〕とセットで

　国語科における〔知識及び技能〕というと、漢字の読み書きが真っ先に思い浮かびます。ですが、漢字は「(1) 言葉の特徴や使い方に関する事項」にある1つの指導事項にすぎません。他にも〔知識及び技能〕には、「(2) 情報の扱い方に関する事項」「(3) 我が国の言語文化に関する事項」があります。このように幅広い〔知識及び技能〕が定着できるように、教科書では1〜2時間程度の小単元が設定されている場合があります。しかし、基本的には「話すこと・聞くこと」「書くこと」「読むこと」の各領域で〔思考力、判断力、表現力等〕を育みながら、〔知識及び技能〕の獲得・習得を目指すことが大切です。

2 3・4年は物語文、5・6年は説明文で語句の量を増やそう

　語彙を豊かにすることは、〔知識及び技能〕の重要な指導事項です。たとえば、3・4年では、「様子や行動、気持ちや性格を表す語句の量」を増やします。「読むこと」の指導事項にも、「登場人物の気持ちの変化や性格」という文言が出てきます。つまり、登場人物の気持ちの変化や性格を想像することを通して、語句の量を増やせばよいことがわかります。3・4年の語彙の充実と物語文の学習は、相性のよい組み合わせといえるでしょう。

　では、5・6年はどうでしょうか。5・6年では「思考に関わる語句の量」を増やします。思考に関わる語句といってもピンとこないので、解説を基に例示してみます。

- ・「しかし」「要するに」（接続詞）
- ・「考える」「だろう」（文末表現）
- ・「〜は〜に比べて」（比較）
- ・「〜になった原因を考えてみると」（原因と結果）

　これらは、説明文の学習とマッチします。また、意見文などを書く活動との相性もよさそうです。このように、〔知識及び技能〕を獲得する際には、どの〔思考力、判断力、表現力等〕と結び付けるかを考えましょう。

3 「音読」から「朗読」へ

　音読も〔知識及び技能〕の指導事項に入ります。では、音読は何のためにするのでしょうか。まずは、「自分の文章理解を助けるための音読」です。1・2年は、とにかく語のまとまりを意識することが重要です。そのため、教科書では語のまとまりとまとまりの間が一文字空いていたり、単語や文節の途中で改行したりしないように配慮してあります。

　また、音読には自分の文章理解を助けるだけでなく、「自分が理解したことを表現する音読」があります。音読発表会がそれに当たります。そこで意識したいことは「声の大きさや抑揚」「速さ」「間の取り方」です。友達と読み合いながら、あるいはICT端末の録画機能を活用しながら、自分の音読表現に意識を向けられるとよいでしょう。それが5・6年になると、より他者を意識しながら自分の解釈を表現する「朗読」へと発展します。

4 「表現の工夫」は1・2年から少しずつ

　最後に、5・6年では「表現の技法」として「比喩や反復などの表現の工夫に気付くこと」が設定されています。表現の工夫は比喩や反復だけでなく、体言止め、擬人法、倒置、色彩など多岐に渡ります。比喩や反復は、1・2年の物語文から頻繁に登場します。たとえば「スイミー」は、体言止め、比喩、倒置などが効果的に用いられており、読者を物語の世界へいざないます。1・2年のうちから表現の工夫に立ち止まり、その技法のよさを味わえるとよいですね。また、豊かな体験活動も子どもの言葉への感動を高めます。そら豆の皮むき体験をした子どもが、「ふかふかのベットみたい！」と比喩を用いてつぶやいたその瞬間こそ、教師が価値付けましょう。

物語文の授業、教師の解釈を押し付けていませんか?

　物語文の授業では、子ども一人一人の想像や考えが大切にされるべきです。しかし、実際の授業では、教師の解釈を子どもに押し付けている姿を見ることがあります。とりわけ「一つの花」「海の命」「やまなし」などメッセージ性が強かったり戦争を題材にしたりしている場合、「平和の大切さ」のように一つの解釈にまとめようとしてしまいます。

　それは、「主題」(作者はこの物語を通して何を伝えたかったのか)をとらえさせなければいけないという思いがあるからかもしれません。しかし、「主題」という用語は、平成20年改訂により学習指導要領解説からなくなりました。作者の意図を探る授業は終わりを告げたのです。

　村上龍さんは「この小説であなたは何を言いたかったのですか?」という質問に、「それを言えるくらいなら、小説なんて書きません」と答えています。また、作家の森絵都さんは、光村図書「教材の力」の中で次のように述べています。

> 書き手として伝えたいのは、読み方の正解はない、ということです。作者の意図を正しく汲もうと努めてくれる読者もいますが、私としてはむしろ意図を超えてほしいのです。小さな個人が生んだ何かを超える自由で広々とした地平を旅してほしい。大切なのは、「作者が何を書きたかったか」ではなく、「読者の一人一人がそれをどう読んだか」だと思います。

　作品が世に放たれた時点で、何をどう受け取るのかは読み手一人一人にあるのです。自分はこの物語からどんなことを受け取ったのか。それは教室の子ども一人一人、もちろん先生自身も違うはずです。その子どもたちの豊かな解釈や想像を交流し、自分の想像の世界が広がるような授業ができるとよいですね。先生も子どもと一緒に、物語という広大な地平を旅してみましょう。

第 5 章

国語の学習評価

1 そもそも評価とは？

1 「指導と評価の一体化」再考
2 指導改善のための評価とする
3 評価と評定を区別する

1 コロナに飲み込まれた「指導と評価の一体化」

「指導と評価の一体化」という言葉を聞いたことがある先生は多いでしょう。でも「指導と評価の一体化」を理解したり、それに関する書籍を読んだりした先生は多くはないはずです。それもそのはず、「指導と評価の一体化」を解説した「『指導と評価の一体化』のための学習評価に関する参考資料」（いわゆる「参考資料」）が国立教育政策研究所より出されたのが令和2年3月。まさに新型コロナウィルス感染症が世界中に広がり、全国に一斉休校が発せられた月だったからです。

「指導と評価の一体化」は、コロナに飲み込まれたといってもよいでしょう。だからこそ今、評価とは教師にとってどのような営みなのか、再考しましょう。

2 何のための評価か

評価に関しては、「参考資料」の前に「児童生徒の学習評価の在り方について」（中央教育審議会・平成31年）など、いくつかの資料が出されています。

それらを簡単にまとめると、評価には次のような意義があります。

(1) 児童生徒の学習改善
(2) 児童生徒の学習意欲の向上
(3) 教師の指導改善

どの項目が一番ピンときましたか。(1) を選んだ先生が多かったのではないでしょうか。評価によって子どもができていないところを伝え、学習改善を図

る。それは大切な評価の役割です。しかし、子どもが学習改善を図らなければならない状況に陥った要因の1つに教師の指導は考えられないでしょうか。学習課題がわかりにくかったり、学習方法がその子どもに合っていなかったり。だから（3）があるのです。子どもを評価することは、同時に教師が自分の指導を評価することです。

　さて、（2）はイメージできましたか？　評価と学習意欲の向上、相性が悪い気がします。いやいや、評価とは褒めることです。「よくがんばったね」「〇〇ができるようになったね」「〇〇を覚えられたね」。子どもへの声かけ、ノートへのコメント一つ一つが評価です。「〇〇をさらにがんばろう」「〇〇に気を付けて、もう一度やってみよう」。今後の指針を示すのも評価です。公の資料には、「児童のよい点や進歩の状況などを積極的に評価し、学習したことの意義や価値を実感できるようにすること」「学習の過程や成果を評価し、指導の改善や学習意欲の向上を図り、資質・能力の育成に生かすようにすること」と書かれています。評価とは、子どもの笑顔と未来を生み出す前向きな営みです。子どもと先生が信頼関係を結ぶきっかけです。

3 評価と評定のちがい

・評価規準：評価の準拠枠、目標を達成したかを評価するためのよりどころ
・評価基準：規準を段階的に具体化、学習到達度を段階的に設定したもの

評価 は、評価規準をもとに評価基準を設定し、放課後、成果物を見ながら子どもの学習状況をアルファベットや数字として記録する行為だと思っている先生が少なくありません。それを「後から評価」と呼ぶとしたら、大切にしたいのは授業中に行う「その場の評価」です。今日、学習中にどれだけ子どもを褒めてあげましたか。子どもの学習意欲を喚起できましたか。子どもが学習した価値を見いだせるように接しましたか。「後から評価」に終始していませんか。
評定 は、「その場の評価」と「後から評価」を積み重ね、総合して、その子の学習状況を数値化・記号化する行為です。評定は、目に見える形で否応なしに子どもを切り分けます。子どもは他者との比較を余儀なくされます。評定は、子どもが自信を失い、学習に消極的になるきっかけとなる場合もあることを自覚しましょう。だからこそ、記号や数字ではなく、日々の、その場その場の評価（＝褒める・価値付ける）を大事にしましょう。

2 評価を行う際に気を付けること

1 量と態度ではなく学びの「質」を評価する
2 主観と客観の狭間で──不安だったら相談する
3 評価する立場である教師の責任を自覚する

1 量と態度は目につきやすい

「身を乗り出して手を挙げている。指示を出すとすぐに動き出す。だからこの子は主体的」「漢字テストをはじめテストで高得点をとる割合が高い。だからこの子は知識・技能が身に付いている」「原稿用紙を5枚も使って意見文を書いた。だから書く力がある」「話し合いでたくさん発言している。だから話す力がある」把握しやすいため、安易に「量」と「態度」で評価してしまう気持ちはわかりますが、評価はそんなに単純なものではありません。

言動の「量」が育みたい力と関係することはあるでしょう。挙手の回数などが主体的な学びの姿の一部として認められることもあるでしょう。しかし、「量」と「態度」は、評価対象の一部に過ぎません。私たちが真にとらえたいのは、その子の学びの「質」です。学びの「質」とは、何もしなければ目には見えない、その子の「思考」です。「量」と「態度」にばかり目を向けていませんか。

2 主観を自覚して客観性を高める意識をもつ

次に気を付けたいのは、「主観」と「客観」です。100％客観的な評価はあるのでしょうか。子どもの発言をどうとらえるか。子どもが書いたものをどう判断するのか。そこには必ずや主観が混ざり込みます。客観性を求め、ルーブリックを作成したとしても、ここまでがBの状況、ここからがAの状況と線引きするのは難しいものです。例えば、登場人物の性格を5つ以上の言葉で表現したらAの状況という基準を設けたとしても、的外れな5つよりも、的を射た3

つの言葉の方が価値が高いことが往々にしてあるのが国語科です。これこそ「質」の問題。だから「量」で判断してはいけないのです。

単元ごとのテストはどうでしょう。市販のテストは、確かに、点数という客観性を教師と子どもに与えてくれます。しかし、どの部分を出題するか、何を問うか。そこにテストを作成した人の主観が入り込んでいます。学習の中で子どもと共通理解してきた内容とテストの内容が一致しない。山場を中心に学習したのに、テストでは物語の始まりの部分が出題された。テストと実際の授業の狭間で戸惑った経験がある先生はいませんか。単元開始前にテストを見て、テストで点数がとれるように学習を進める、と躊躇いながら告白してくれた先生がいました。

評価において、主観は排除できないのです。必要なのは、できるだけ客観的な基準を設けようとすること。その中に主観が入り込むことを自覚すること。そして、その主観を客観に近づけるために相談することです。「今日、こんな発言があったのですが、どう思いますか？」「この紹介文の構成、Aの状況だと判断したのですけど。」同じ学年の先生と、単学級ならば昨年度その学年を受けもった先生に。

職員室で交わされる会話の多くが子どものトラブルや保護者対応、行事など学年運営に関する内容になっていませんか。短時間でよいのです。学習場面での子どもの姿を語り合う。その積み重ねが、主観を客観に近付け、自分の判断に自信をもてる教師を生み出します。

3 子どものせいにしない

Aさんは〇〇ができない。Bさんは〇〇が覚えられない。Cさんは〇〇を考えられない。Dさんは全然発言しない。Eさんは最後まで粘り強く取り組めない。

子どものマイナスばかり指摘する先生に出会うことがあります。聞く方も辛いですし、憤りを感じることが度々あります。そして、心の中で「本当に子どものせい？」と問いたくなります。いや、心の中で留めることができず、ご本人に質問してしまうこともありました…。

教師は子どもを評価する権限をもっています。評価される立場は常に弱いものです。「子どものせいにしない」という心持ちが、教師の言動を変えます。ぜひ、子どものせいにしない教師でいてください。ちなみに大学では、評価する側と評価される側が固定されないように、学生が教員を評価するシステムが確立されています。「学生のせいにしない」…私も心がけなければ！

③ 子どもを見取るコツは？

1 多様な子どもに応じた見取り方を複数用意する
2 見取る余裕を生み出す絞り込み
3 未来予想図を描く

1 多様な方法を用意する

　子どもを見取るコツの1つめは、多様な方法を用意することです。発言が得意な子もいれば、書くことに進んで取り組む子もいます。全体で発言するのは苦手でも、ペアやグループでは積極的に自分の考えを伝えられる子もいます。教師が偏った方法でしか子どもを見取らなかったら、その方法に合う子どもしか適切に評価されないことになってしまいます。見取る方法には以下のようなものがあります。

①発言　②記述　③自己評価　④他者評価　⑤音声　⑥映像
⑦インタビュー　⑧書くことでのやり取り　⑨他の先生の見取り　⑩テスト

　④は、クラスメートの記述などにその子どもの言動が表されていた場合にそれを評価に生かすことです。また、⑤と⑥は、学習中の様子を画像や映像で記録しておき、学習後にグループ活動の様子などから見取る方法です。

　⑦と⑧は、個別の対応です。学習後にインタビューしたり、文字でやり取りしたりしてその子の学習状況を見取る方法です。インタビューは、まだ書くことに不慣れな低学年や、書くことに抵抗のある子を見取るのに有効です。

　TTや教科担任制、複数担任制などさまざまな体制が試行されています。自分だけでなく、他の先生の見取りを積極的に生かすのが、⑨です。

2 見取る余裕を生み出す絞り込み

　子どもを見取るコツの2つめは、絞り込みです。一度に多くの評価項目を設

定し、見取ろうとしても限界があります。教師は1人で何十人もの子どもを見取らなければなりません。例えば学習中だけで見取ろうとすると、45分で30名、単純に計算すると一人あたり1分30秒しかありません。学習中以外の時間に子どもの状況を見取ることも可能ですが、教師の負担はどんどん増えていきます。

　そこで、絞り込みです。何を絞り込むのか？

（1）評価項目の絞り込み

　本章5で詳しく述べますが、評価項目を絞り込むことをおすすめします。国語科の学習指導要領は、2年間のまとまりで示されています。これまで1つの単元で多くの目標を設定し評価をすることがありましたが、同じ目標が2年間でくり返し設定されます。この単元では、この指導事項の力を育み、子どもの成長を評価するぞ！と決めることで、見取りに全力を費やす時間がはっきりします。まずは、見取る余裕を生み出すために、育む力を絞り込みましょう。

（2）見取る子どもの絞り込み

　例えば、この時間にはこの10名を中心に見取る。次の時間はこの10名、と見取る子どもを絞り込むことをおすすめします。それによって一人の子どもを見取る余裕が生まれます。本来は、その時間に全員を見取りたいし、見取らなければならないのですが、その時間だけでなく、単元内、学期内、年間を通して、その子どもの成果や成長を見取ると考え、心に余裕を生み出しましょう。

3　未来予想図を描く

　子どもを見取るコツの3つめは、未来予想図を描くことです。学習場面で教師がしなければならないことは山ほどあります。そう考えると、学習中に何％くらい評価に意識を回せるでしょう。かなり少ないはずです。だからこそ、学習が始まる前に本時の目標に照らして具体的に、期待する子どもの姿を描いておくことが大切です。

> **期待する子どもの姿（例）**
> 宮沢賢治らしい表現を楽しんでほしいな。／友達と自分の考えのちがいを見つけてほしいな。／はじめ―中―終わりのまとまりを意識して文章を構成してほしいな。／聞く人の反応を見ながら話してほしいな。／キーワードを探しながら説明文を読んでほしいな。

　未来予想図を描いておくことで、その姿が自然と目に入るようになります。子どものどんな姿に出会いたいのか。教師の願いや期待は必ず子どもに届きます。

「知識・技能」の評価のポイント

4

1 ショートスパンとロングスパンで評価する
2 解説や教科書をよりどころとして、あいまいさをなくす
3 指導によって身に付いた知識・技能を評価する

1 ショートスパンとロングスパン

「知識・技能」の評価のポイントとして、まず意識したいのが、ショートスパンとロングスパンです。その単元で確実に「知識・技能」が身に付いたのか評価する場合と、いくつかの単元をつなげたり、年間を通して継続したりすることを通して、「知識・技能」が身に付いたのか判断する場合があるということです。

この点については、第2章4で「単発単元から帯単元へ」と題して説明したことにつながります。例えば、次に挙げる中学年の「知識・技能」はどうでしょうか？

> ローマ字で表記されているものを読み、ローマ字で書く。

まずは、その単元で確実にローマ字の表記を読め、書けるようになってほしいですし、その姿を評価したいですね。もちろん、この単元で習得したとしても活用する場がなければ定着しません。くり返し学ぶことは、すべての「知識・技能」で大切なことです。読書に関する「知識・技能」は、どうでしょう。

> 低学年：読書に親しみ、いろいろな本があることを知ること。
> 中学年：幅広く読書に親しみ、読書が、必要な知識や情報を得ることに役立つことに気付くこと。
> 高学年：日常的に読書に親しみ、読書が、自分の考えを広げることに役立つことに気付くこと。

読書に「親しむ」ことは一長一短にはできません。いろいろな本があることを知ったり、自分の考えを広げることに役立つことに気付いたりすることも、

ある程度時間をかけて身に付く「知識・技能」です。年間を通し、「読むこと」の単元と関連付けながら、ロングスパンで見取り、評価したいですね。

2 あいまいさをなくす

「知識・技能」には、その文言だけでは、どのような知識や技能を身に付ければよいのかわかりづらい項目があります。例えば、次の項目は子どものどのような発言や記述に表れるかイメージできますか？

> 高学年：思考に関わる語句の量を増し、話や文章の中で使う

　第4章13でも取り上げましたが、どのような言葉が「思考に関わる言葉」なのか、イメージできましたか。解説には、「しかし」「要するに」「考える」「だろう」「〜は〜より…」「〜は〜に比べて…」「〜が〜すると…」「〜になった原因を考えてみると…」などが例示されています。解説や、教科書に載っている「言葉の宝箱」や「言葉の広場」などを手がかりにし、あいまいさをなくすことで、「こういう言葉を使っているな」「こういう知識が身に付いているな」と、子どもの言動をしっかりと見取ることができます。逆に、あいまいさを残すと子どものすばらしい表れを見逃してしまうことがあります。あいまいさをなくすことは、子どもをしっかりと見取り、褒めるきっかけにもなります。

> 高学年：話や文章の構成や展開、話や文章の種類とその特徴について理解する。

　話や構成や展開といわれて、具体が浮かびましたか。種類とその特徴をどれだけいえそうですか。あいまいさをなくすには、まず教師が〔知識及び技能〕を身に付ける必要があるのです。

3 指導と評価は表裏一体

　指導と評価は表裏一体です。指導したことを評価する。逆を言えば、指導していないことは評価してはいけない、ということです。

　国語科が扱う「言葉」の世界は、日常とつながっています。日常生活でリトマス紙に出合うことは稀ですし、伝統工芸品を手に取ることもあまりないでしょう。しかし、言葉は違います。朝起きてから寝るまで私たちは言葉に包まれます。私たちは言葉に対する知識や技能をある程度もっています。だからこそ、指導して身に付いた「知識・技能」なのかが判別しにくい。日常生活と学習を明確に区別することは不可能ですが、元々持っている知識や技能ではなく、「指導して身に付いた知識及び技能」を評価する意識はもちたいですね。

5 「思考・判断・表現」の 評価のポイント

1 指導事項から重点事項を絞り込む
2 判断・表現場面で思考の表出をアシスト
3 領域をつなげる、領域を切り離す

1 2つのスリム化

　本章3で、見取りに余裕を生み出す、評価項目の絞り込みを紹介しました。ここでは、その絞り込みを「スリム化」という言葉に置き換え、具体的に説明します。

　今回の学習指導要領では、すべての領域で学習過程が明確に示され、それぞれに指導すべき事項が設けられました。例えば、「書くこと」では、次の5つの学習過程のもと指導事項が設定されています。

> ○題材の設定、情報の収集、内容の検討
> ○構成の検討
> ○考えの形成、記述
> ○推敲
> ○共有

　しかし、毎回「書くこと」の単元でこれらの学習過程すべてに力を注ぎ、指導事項を評価する必要はありません。1つめのスリム化は、力を注ぐ学習過程を絞る＝評価する指導事項を絞ることです。「参考資料」の実践例では、「知識・技能」も「思考・判断・表現」も多くて2項目ずつしか設定されていません。

　教科書は、子どもの実態や学校のカリキュラムに沿って柔軟に学習活動を決めることができるように、多くの単元ですべての学習過程を載せています。まずは、どの学習過程に力を入れ、評価するのかを決めることが大切です。

　2つめのスリム化は、指導事項の中のスリム化です。「参考資料」には、「育

成したい資質・能力に照らして、指導事項の一部を用いて評価規準を設定することもある」と記されています。1つの指導事項の中には、複数の内容が入っている場合があります。例えば、「読むこと」の指導事項を取り上げてみます。

> 中学年：登場人物の気持ちの変化や性格、情景について、場面の移り変わりと結び付けて具体的に想像すること。

単元によって、登場人物の気持ちの変化を中心に学習する場合もあれば、登場人物の性格に焦点を当てる場合もあります。指導事項の中のスリム化を図り、どのような力を育みたいのか、より明確に想定しましょう。

2 判断・表現場面を設定する

思考は、目に見えません。頭の中で考えていることは、表出されてはじめて他者に理解されます。他の教科でも同様です。だから国語科で、話すことと書くことの力を育み、表現することが苦でなく当たり前になるまで、多くの機会を設けましょう。また、判断場面も増やしましょう。「考えましょう」と言われても困ってしまう子どもはたくさんいます。「どちらがよいか」「何を選ぶか」「何に気を付けたいか」「どれが印象に残ったか」。国語科だけでなく、他教科・領域でも判断場面を設けましょう。判断は、思考を表出し、全員が学習の舞台に上がる第一歩となります。

3 領域をつなげる、領域を切り離す

第1章で、低学年のキーワードは「順序」、中学年は「目的」「考えと理由や事例」「中心」、高学年では「表現の工夫」に着目する、など各学年のポイントを紹介しました。「思考・判断・表現」は3領域との関連が深いので、領域をつなげて評価する意識をもちましょう。特に「話すこと・聞くこと」と「書くこと」は学習過程が似ています。「情報の収集はどうだったかな」「構成の検討はどうだったかな」と領域をつなげて、子どもの状況を判断するとよいでしょう。

逆に領域を切り離すことが必要な場面もあります。説明文の学習で要約する文章を書いたとします。物語文の学習で紹介文を書いたとします。確かに文章を書いていますが、要約する文章と紹介する文章によって評価すべきは、「読むこと」の力です。話しているから、書いているから、読んでいるから、とその行為だけをもとに「話すこと」「書くこと」「読むこと」の力を見取ってはいけません。評価する領域と、実際の活動領域を切り離すことも頭に入れておきましょう。

6 「主体的に学習に取り組む態度」の評価のポイント

1 関心・意欲・態度だけでははかれない側面がある
2 見取りの際には分解する
3 「しようとしている態度」を評価する

1 関心・意欲・態度と何が違うの？

　かつて、「関心・意欲・態度」という観点が設けられていました。それが、今回の学習指導要領改訂にあわせて、「主体的に学習に取り組む態度」に変わりました。何が変わったのでしょうか。「主体的に学習に取り組む態度」には、2つの側面があるようです。

①知識及び技能を獲得したり、思考力、判断力、表現力等を身に付けたりすることに向けた粘り強い取組を行おうとする側面
②①の粘り強い取組を行う中で、自らの学習を調整しようとする側面

　②は、いわゆる「メタ認知」といわれる力です。参考資料では、上記①②を適切に評価するため、下記のように③④を設定することが示されています。

①粘り強さ（積極的に、進んで、粘り強く等）
②自らの学習の調整（学習の見通しをもって、学習課題に沿って、今までの学習を生かして等）
③他の2観点（知識及び技能／思考力、判断力、表現力等）において重点とする内容（特に、粘り強さを発揮してほしい内容）
④当該単元の具体的な言語活動（自らの学習の調整が必要となる具体的な言語活動）

　この中に「関心・意欲・態度」の要素はありましたか？　①の中に「積極的に、進んで」という言葉の例示があり、関心をもっているか、意欲があるか、を見取ることにつながりそうです。しかし、①はあくまで「粘り強さ」。②は「学

習の見通しをもって」「学習課題に沿って」「今までの学習を生かして」などの例が出されています。元気いっぱい目を輝かせて学習に取り組んでいる子はもちろん素敵ですし、主体性の表れとして評価をしてあげたいのですが、他の側面にも目を向ける必要がありそうです。

　もう1つ、考慮すべきは発達段階です。自ら目標を立て、その目標に向かって学習を調整するのは、低・中学年には難しいと思いませんか。メタ認知能力など非認知能力といわれる力は10歳以降に発達するという見解もあります。無理をして目標を設定させたり、長期的な見通しをもたせたり、学習を調整させたりするのではなく、発達段階や子どもの実態に応じて指導し、その表れを評価したいものです。

2 分解する、癖を見つける

　①から④の観点は連続的なものですから、一つ一つを分けて評価するものではありませんが、一つ一つ分けて見た方が見取りやすい側面もあります。A「積極的に、進んで」、B「粘り強く」、C「学習の見通しをもって、学習課題に沿って」、D「今までの学習を生かして」と4つに分けて見てみましょう。そうすれば、この子は、B「粘り強く」取り組んでいるな、この子は、D「今までの学習を生かして」いるな、と具体的に見取ることができます。

　また、こうして4つに分解してみると、ふだん子どもを見取るときの自分の癖も見えてきます。自分はAの姿ばかり見ているな、これからはDの姿に目を向けよう、とこれまでの自分の見取りを客観的に振り返ることも大切です。

3 その子の歩みを振り返る

「主体的に学習に取り組む態度」はいつ見取るのでしょうか。学習の見通しをもっているか、今までの学習を生かしているか、粘り強く取り組んでいるか。それを判断できるのは、単元の終盤になりそうですね。それまでの子どもの学習を振り返り、評価するのがよさそうです。そのときに便利なのが、「振り返り」の記述です。今、「振り返り」ブームが起きています。確かに「振り返り」の記述は有効な評価材料です。しかし、この項目の文末は「しようとしている」となっていることを忘れてはいけません。「しようとしている」態度を直接見取れるのは学習中です。学習中の子どもの言動と「振り返り」の記述を併せて、単元の終盤以降に、その子の学習の歩みを俯瞰する目をもちましょう。

7 「おおむね満足できる 状況(B)」とは?

1 「おおむね満足できる」状況の幅を設定する
2 2年間のスパンの中で考える
3 Bの状況を目指すべき姿と考える

1 まさに「おおむね満足できる」状況

　Bの状況は、「おおむね満足できる」状況であって、「完全に満足できる」状況でも「ほんの少し満足できる」状況でもありません。あくまで「おおむね」です。「おおむね」ということは、それなりに幅があります。さて、どこまでを「おおむね満足」とするか、そこに教師の判断が求められます。

　例えば、「モチモチの木」(3年)を例に挙げましょう。光村図書の年間指導計画例には、評価規準として以下の「思考・判断・表現」が設定されています。

> 「読むこと」において、登場人物の気持ちの変化や性格、情景について、場面の移り変わりと結び付けて具体的に想像している。

　さて、この物語文の中心人物である豆太の、どのような性格を場面の移り変わりと結び付けて想像していたらBの状況といえるでしょう。「おくびょう」だけでもBの状況としますか。「おくびょう」「こわがり」「家族思い」だったらどうですか。それならBの状況と判断する先生が多いのではないでしょうか。では、そこに「ゆうかん」「あまえんぼう」「泣き虫」「すなお」が加わったらAの状況と判断してよいのでしょうか。

　「この叙述から『こわがり』や『おくびょう』といった性格を想像してほしい」「この叙述とこの叙述を結び付けて、『家族思い』の性格を想像してほしい」そのように、まずは教師が「おおむね満足できる」状況を設定しないかぎり、「おおむね」が広くなりすぎたり、狭くなりすぎたりしてしまいます。

2 2年間のスパンで考える

「おおむね満足できる」状況は、常に同じでしょうか。国語科の学習指導要領は2年間のまとまりで示されています。それに基づけば、5年生の4月と、6年生の3月は同じ指導事項を目標とし、その姿を見取ることになります。

高学年の「話すこと」の指導事項を取り上げてみましょう。

> ウ　資料を活用するなどして、自分の考えが伝わるように表現を工夫すること。

学習を重ねるごとに、どのような資料を用意すればよいのか、またどのように表現を工夫すればよいのかわかってくるでしょう。5年生のはじめにはできなかったことが、6年生の終わりにはできるようになるでしょう。そう考えると、たとえ目標は同じでも、Bの状況は変化するはずです。2年間のスパンの中で、どのような子どもの姿をBの状況と見取るのか考えましょう。

3 Bの状況は喜ばしい!

◎（Aの状況）が目指すべき山で、○（Bの状況）はその山に達していないと考えている先生に時々出会います。間違ってはいけないのが、Bの状況はAの状況を目指す通過点ではなく、目指すべき山であるということです。

また、「見通しをもって」「学習課題に沿って」という例示が「主体的に学習に取り組む態度」で示されたことにより、ルーブリック（いくつかのレベルと、そのレベルに対応する言動が記された評価基準表）をもとに、その単元で目指す姿を子どもと共通理解する実践にも出合います。

ルーブリックを理解できるのは中学年以上でしょうし、学習にしっかりと取り組もうとする子どもほど、ルーブリックを意識し、ルーブリックどおりに振る舞おうとしてしまう弊害もあるので気を付けたいところです。

少なくとも評価の面では、○（Bの状況）が「おおむね満足できる」状況なので、喜ばしい姿だと考え、褒めてあげましょう。

〈ルーブリックの例〉

		評価の尺度		
		よくできる（3点）	できる（2点）	もう少し頑張ろう（1点）
評価の観点	知識・技能	～の知識・技能を十分に身に付けて、既習事項と関連付けたり、活用したりしている	～の知識・技能を理解している	～の知識・技能について努力を要する
	思考・判断・表現	～について自分の思考を十分に整理し、課題を的確に判断し、他者に丁寧でわかりやすく表現している	～について自分の思考を整理し、課題を判断し、他者にわかるように表現している	～について自分の思考の整理が不十分であり、判断が適切でなく、他者への表現にも努力を要する
	主体的に学習に取り組む態度	獲得した知識・技能を十分に生かして、思考・判断・表現を十分におこない、積極的に自ら取り組んでいる	獲得した知識・技能を生かして、思考・判断・表現をおこない、自ら取り組んでいる	自らの課題を見いだすことが難しく、主体的に学びを深める姿勢に努力を要する

8 「努力を要する状況 (C)」とは?

1 「努力を要する」状況は4通りに分けられる
2 「個別最適な学び」を意識する
3 必ずできることから改善点を明確に伝える
4 指導を見直す

1 まさに「努力を要する」状況

　Cの状況の子どもとは、まさに「努力を要する」状況の子どもです。他教科・領域でも同様に、クラスにはそういう状況に置かれている子どもがいるでしょう。

　まず、その状況を見極めましょう。その場ですぐに関われば改善するのでしょうか。それとも時間をかけて指導・支援を続ければ改善するのでしょうか。その学年だけでなく、つまずいているところまで遡って学びを積み上げる必要があるのでしょうか。残念ながら通常の指導や支援では、改善が難しい状況でしょうか。

「努力を要する」といっても、どのように努力をすれば改善するのか、それを見極める必要があります。ここまでを簡単にまとめてみると「努力を要する」状況は、大きく4通りに分けられます。

> (1) その単元内ですぐに対応すれば改善が見込まれる
> (2) その単元を含め、長期的な指導・支援によって改善が見込まれる
> (3) 以前の学年まで遡って学習を系統立てることで改善が見込まれる
> (4) 通常の指導・支援では改善が望みにくい

2 「個別最適な学び」を意識した指導・支援

　(1) から (4) の状況の子どもには、「個別最適な学び」を意識し、指導・支援することが求められます。中学年の「書くこと」の指導事項で考えてみます。

> ウ　自分の考えとそれを支える理由や事例との関係を明確にして、書き表し方

を工夫すること。

　子どもがどのような状況にあるか見取ったうえで、例えば、次のような手立てを講じ、その子どもの状況が改善されるように指導・支援しましょう。

①子どもが考えた、理由、事例の文を短冊に書き、その短冊を一緒に並び替える
②理由や事例を抜いた文章を渡し、その部分に何を書くか一緒に考える
③考えを聞き出し、それに応じた理由や事例を紹介し、選べるようにする
④考えに応じて、理由や事例が異なる文章を複数用意し、どれがよいか選ぶ

　しかし、教師の指導・支援には限界があります。多くの子どもに手を差し伸べたくても時間が限られています。そこで重視したいのが「協働的な学び」です。誰しもが苦手を抱えています。学級で学び合い、教え合い、助け合う土壌を育みましょう。他者に「弱さ」を見せられる学級づくりを心がけましょう。

3　一歩ずつ改善する

　評価は、指導の裏返しです。Cの状況が改善されなければ、先生も苦しいし、子どもだってできるようになりたいはずです。さまざまな要因で、覚えられない、できるようにならないことはあります。泳げるようになりたい、絵をうまく描きたい、字が上手になりたい。英語を話せるようになりたい、物理や数学の理論を理解できるようになりたい、ピアノを流暢に弾けるようになりたい。望んでもできないことがあるでしょう。子どもも同じです。その苦しみ、痛み、憤り、いらだちを共有し、何から始めればよいのかを指南できるのは教師だけです。

　ポイントは2つ。まず、近くを見つめます。改善すべき点はその子が「必ずできる」ことにします。次に、遠くを眺めます。教師はその場の対応に終始しがちです。あまりにそれが続くと教師も子どもも疲弊します。遠くを眺めましょう。1年後、いや卒業までにこの子がこうなってくれたらうれしいな、という未来の希望を抱きましょう。子どもの成長を待つ余裕も大切です。

4　原因は自分かも?!

　Cの状況を生み出してしまっている原因は、教材が子どもに合っていないのかもしれません、学習課題を子どもが理解できていないのかもしれません、もしくはその活動に魅力を感じていないのかもしれません。そう考えることは、子どもを助けるとともに教師の力量形成につながります。

9 「十分満足できる状況（A）」とは?

1 まさに「十分満足できる」状況
2 Bの状況を超えた先に
3 Aの状況が生まれる余地

1 まさに「十分満足できる」状況

「十分満足できる」状況の子がたくさんいてくれたら、教師としてうれしい限りですね。しかし、先に述べたとおり、「おおむね満足できる」＝Bの状況で十分喜ばしいことを忘れてはいけません。自治体によって、いわゆる通知表で示す評価の基準が異なる現状があります。通知表は子どもへの励ましの意味合いがあるため、明言することは避けなければなりませんが、半分以上の子どもが「十分満足できる」状況だと記すのは、かなり稀なケースでしょう。

　だからといって、人数で規定するのはナンセンスです。先生方から「学年ですり合わせたら、自分のクラスだけ◎（A）が多かったから減らした」「管理職のチェックを受け、この学年は全体的に◎（A）が多いので、4、5人に絞るように言われた」というような声を聞きます。何を根拠に人数を決めているのでしょうか。1組と2組が同じ学習状況のはずがありません。全く同じ教材、単元の進め方、学習課題で授業を実施したとしても、子どもから出される発言は異なります。

　どのような子どもの姿が「十分満足できる」状況なのか、少しずつ自分の中で柱を立てていくことが大切です。

2 Bの状況を超えた先に

　柱を立てたくても、どうやって立てればよいの？　「十分満足できる状況」はどんな姿？　そんな声が聞こえてきそうです。「参考資料」には、「十分満足できる状況」とは、「学習の状況が質的な高まりや深まりをもっていると判断

される場合」と説明されています。「質の高まりや深まり」って何？　わかり
づらいですね。「参考資料」の実践例をもとに、Aの状況を考えてみましょう。

（1）話すこと・聞くこと

> 評価規準：「話すこと・聞くこと」において、相手に伝わるように、行動した
> 　ことや経験したことに基づいて、話す事柄の順序を考えている。
> Aの状況：順番を考える際に、時間的な順序や事柄の順序を考えるとともに、
> 　聞き手に与える影響や効果まで含めた理由を記述している。

（2）知識・技能

> 評価規準：世代による言葉の違いに気付いている。
> Aの状況：世代による言葉の違いがあることに気付くだけでなく、世代による
> 　言葉の違いは、言葉によって程度が異なるということにも気付いている。

　（1）（2）の例を見ると、Aの状況はとてもレベルが高いことがわかります。
また、（1）では「(Bの状況) とともに」、（2）では「(Bの状況) だけでなく」
という言葉が使われています。他の実践例で、Aの状況を表現する言葉は、「あ
えて」「さらに」「独自の方法で」「際立っている」などです。

　主体的に学習に取り組む態度では、一人で粘り強く学習を進めるだけでなく、
「学習課題を意識して友達に適切にアドバイスをしよう」とする姿がAの状況
として紹介されています。

　まとめると、その単元の目標として設定し、想定した子どもの姿を超えた表
れ。もっと言えば、教師の想像を超え、「あっと驚く」「すごいと思う」姿です。
そんな子がたくさんいたらうれしいですが、そう多くは生まれないでしょう。

3 Aの状況が生まれる余地

　Aの状況が生まれやすい指導事項と、生まれにくい指導事項があるのも事実
です。しかし、教師が一方的に教え込んでいる授業、全員が同じ知識を学び、
同じことを考えるのを是としている授業。そんな授業でAの状況は生まれるで
しょうか。「あえて」「さらに」「独自の方法で」という言葉が使いたくなるよ
うな子どもの姿が生まれる余地があるでしょうか。子どもの気付き、疑問、発
想を寛容に受け止める余裕。自ら動き出した子どもを止めない忍耐力。それが
なければ、「あっと驚く」姿には出会えません。子どもがもつ力を大いに発揮
させてあげましょう。自ら動き出した子どもを応援できる先生にしか、Aの状
況は生み出せません。

評価とICTは相性がよい？

　ICTの利点の一つに記録機能が挙げられます。子ども一人一人が書いた（打った）考えや振り返りだけでなく、動画、写真、音声も記録として残しておけます。板書を写真に撮り、学びの足跡として残すことも可能です。これらの記録は、その子の学びを振り返るうえで有効ですし、評価の材料として使うことができるでしょう。

　しかし、記録に頼りすぎてはいけません。なぜなら、「書ける」子だけがよい評価を得やすい状況を生み出してしまう恐れがあるからです。それは、本章3で、多くの評価方法を用いるよさを述べたことにつながります。また、記録に頼るようになると、「あとで記録を見て評価すればよい」という甘えが生まれます。あくまでICTを用いた記録は、評価材料の一つにすぎないことを意識しましょう。

　ICTには、その場で全員の考えや制作物を確認できるという利点もあります。30名以上の子どもの机を回り、よいところを認め、がんばりどころを伝えるのは時間も労力もかかります。ICTを用いれば、全員の学習状況を把握できるとともに、よい表れを全体に広げられます。

　ICTには、さまざまな形式のワークシートを用意できるという利点もあります。誰がどのワークシートを用いたいかわからない状況で、例えば3種類のワークシートを30名分用意したら、印刷の手間がかかり、紙も無駄になります。ICTを用いれば、その子の状況に適したワークシートを用意できます。特別に支援が必要な子や、日本語に不慣れな外国籍の子どもにも柔軟に対応することができます。そのような支援によってCの状況の子を救えるのであれば、ICTは評価と仲よしといえますし、それこそ「個別最適な学び」を生み出すことにつながります。

　ICTは目的ではなく、あくまで手段です。評価を含め、どのような目的のために有効な手段なのか、見極めましょう。ICTは、子どもと教師にとって、味方にも敵にもなり得ます。

第 6 章

Q & A

 **語彙力はどうやって育てることができるの?**

 子どもの前に、まず先生。自分の言葉の感度を高めます。

子どもの言葉を豊かにしたい。多くの教師がそう願っています。学習指導要領には「語彙は、全ての教科等における資質・能力の育成や学習の基盤となる言語能力を支える重要な要素」とあり、語彙指導の改善・充実を真っ先に掲げています。このように、子どもの語彙力は学力に影響します。そもそも〔思考力、判断力、表現力等〕を育もうと思っても、根本の語彙が貧しければ深く考えたり伝えたりすることはできません。

そのような語彙力は、国語科のすべての領域で意識して育む必要があるでしょう。3・4年は、気持ちや性格を表す語句の量を増やすことをねらいとしています。それは物語文の授業を中心に育めます。ですが、「モチモチの木」で、豆太の性格を「おくびょう」の一言にまとめていませんか。「ごんぎつね」で、ごんを火縄銃で打った兵十の気持ちを「悲しい」で終わらせていませんか。他にはどんな言葉で表すことができるのか。ぜひ先生自身も考えてみてください。「子どもの語彙力が少なくて、言葉が出てこないんだけど…」。嘆いていても子どもの語彙力は育めません。だったら、先生が教えてよいのです。「海の命」の山場は、まさに太一が「葛藤」しています。子どもから出なければ、先生が教える。そして、自分の葛藤体験を語ってもらう。そうして、言葉が実感を伴って自分のものになるのです。

そのためには、先生の教材研究が大切なのはいうまでもないでしょう。「おくびょう」「弱虫」「気が弱い」「気が小さい」「小心者」「さみしがり」「甘えんぼう」「あきらめが早い」…。夜の豆太の性格を表す言葉です。まず先生が多様な言葉でとらえていなければ、子どもから言葉を引き出すことはできません。

では、昼の豆太はどんな性格ですか?「やぃ、木ぃ、モチモチの木ぃ、実ぃ落とせぇ」。いくつの性格を表す言葉が思い浮かびますか?

教科書の巻末には、その学年で身に付けてほしい言葉が例示されています。つなぎ言葉、思考に関わる言葉、人物像や心情を表す言葉…。これらは、先生の教材研究に役立ちます。まず、先生が言葉の感度を高めましょう。

聞き手が鍵を握ります。「視線」「うなずき」「つぶやき」を大切に。

　どうすれば、子どもが発言するようになるのか。そこには教室のあたたかい雰囲気が不可欠です。明るい雰囲気、だれきった雰囲気、緊張感のある雰囲気、騒々しい雰囲気。子どもたちが無意識につくり出すこれらの雰囲気は、子ども一人一人の心に影響を与えます。

　教室のあたたかい雰囲気をつくるのは、話し手ではなく聞き手です。そこで聞き手に求められるものは、「視線」「うなずき」「つぶやき」の3点です。

1）視線

話し手が話しているとき、聞き手はどこを見ているのでしょうか。「根拠は〇ページの〇行目で〜」というときは教科書に目を落としますが、基本的には話し手に視線を向けたいものです。「私はあなたの話を聞いているよ」というメッセージを視線で示すのです。ただし、にらむような視線はいけません。「にらむ」ではなく「見つめる」イメージ。友達を見つめるまなざしを意識すれば、子どもの表情も柔らかく、あたたかいものになるでしょう。

2）うなずき

話し手が話しているときに、「うんうん」とうなずきながら聞けるようにしましょう。私たち大人は自然とうなずきながら聞けますが、子どもはそうはいきません。教師が話をする際にも「内容がわかったらうなずきながら聞いてごらん。わからなかったら首をひねってもいいよ」と伝えます。最初は、教師がスピードや間をコントロールして話し、子どもがうなずきながら聞く習慣をつけるようにするとよいでしょう。

3）つぶやき

「そうそう」「わかるよ」「なるほど」「そっか」などの反応がある教室はいいですね。つぶやくということは、子どもが話し手の発言を聞き、考え、新たな気付きを得たりした表れです。共感的なつぶやきにあふれた教室は安心感に包まれます。

物語文の授業、子どもの読みに「間違い」はあるの?

**あります。子どもに誤読はつきものです。
子どもの考えなら「なんでもあり」にしてはいけません。**

　物語文の授業で出される子どもの考えをすべて認めていませんか?「あ〜、なんか違うな」と思いながらも、そのままにして授業を進めたことがある人は意外と多いような気がします。

　まず、物語文の読みに誤読は存在します。誤読といって真っ先に思い浮かぶのが「スイミー」です。「スイミーは、一人だけ真っ黒で寂しい」「スイミーは真っ黒だからいじめられている」。「スイミー」の授業をすると、このように考える子がいます。しかし、スイミーはさみしいのでしょうか。真っ黒だからいじめられているのでしょうか。もちろん、そうではありません。

　では、机間指導をしていて、子どもがそのようにノートに書いていたらどうすればよいのでしょう。ここで「どうして、そう思ったの?」と聞いてはいけません。理由を尋ねると、子どもは叙述から離れて自分の考えを述べだします。「どこからそう思ったの?」と聞いてください。根拠を問うのです。すると、子どもは自分の考えの根拠を答えることができません。叙述から離れて想像してしまったからです。その後は、「スイミーは、きょうだいたちが、たのしくくらしていた。」という一文に着目するように支援すればよいでしょう。低学年の段階から、叙述をもとに様子を想像できるようにしましょう。

　机間指導をしていて、他にもそのような誤読をしている子がいることに気付いたら…。「スイミーは楽しかったのかな?」という学習課題を設定することも考えられます。こうして子どもの考えの変容をねらうのです。机間指導からのねらいや子どもの実態に応じて決めるとよいでしょう。

　物語文では、作者の紡ぐ言葉をもとに解釈します。中学年からは、複数の叙述を結び付けて自分の考えをつくります。子どもの考えなら「なんでもあり」で

114

 **4** 教室掲示はしてもよいの?

 教室掲示は子どもの学びのよりどころ。
掲示物に制限があるのなら、1人1台端末を活用します。

　黒板の周りに掲示物を貼らない学級が増えています。貼ってはいけないと禁止している学校もあるでしょう。ユニバーサルデザインの視点を取り入れた教室環境づくりは大切です。しかし、子どもの目につきやすいからこそ、学習において効果的に用いることもできるはずです。

　たとえば、子どもが見える場所に単元の流れを書いた模造紙を貼れば、子どもたちが学習の見通しをもつ手立てになるでしょう。他にも、学習の振り返りの観点や助詞の「は」「へ」「を」の使い方、句読点の打ち方など〔知識及び技能〕のポイントを掲示することができるでしょう。目につきやすいからこそ、子どもは掲示物をよりどころにできるのです。それは学習支援の一助になります。

　物語文の学習では「登場人物の気持ちの変化」「場面の移り変わり」を意識して読むことが大切です。「点」ではなく「線」で読むイメージです。そのとき、教室に前時までの学習を記録した模造紙を掲示しておきます。子どもは自分の考えをノートにまとめる際、その模造紙をよりどころに書くことができるからです。「前の場面で登場人物が〜」「前の時間に〇〇さんが、〜と言っていたよね」などの発言は、まさに「点」ではなく「線」で読んでいる表れです。教室掲示が子どもの考えを支えるのです。

　算数では九九やわり算の解き方、理科では「課題」「予想」「実験」「結果」「考察」といった問題解決学習の流れなど、掲示物が効果的に用いられます。国語では、上記の他にも学習用語の掲示が考えられます。「対比」「原因と結果」「頭括型、尾括型、双括型」「中心人物と対人物」…。子どもは学習用語を一度確認しただけでは、その見方や考え方を働かせることができません。教室に掲示しておくからこそ、子どもはそこに立ち止まって考えることができるのです。

　日常的な教室掲示は、学級の学びを蓄積した大切な足跡です。教室掲示に制限があるのならば1人1台端末を活用し、これまでの学びの足跡を蓄積していきましょう。

 **5** 話型指導はするべきなの?

 子どもがいろいろな型のよさを実感し、
自分で選んで話せるようにします。

「私は〜だと思います。どうしてかというと〜だからです。」という子どもの発言をよく聞きます。最初に自分の考えを伝え、その後「どうしてかというと」と理由を付けて発表するように学習してきた表れです。これは1つの話型指導の結果です。自分の考えを伝える際には、まず考えを述べた方が聞き手にとって伝わりやすいのは間違いありません。他にも「理由は3つあります。1つ目は〜」のような話し方も話型といえるでしょう。

しかし、その後、まったく同じ話型の発言がずっと続くとどうでしょう。学級の全員が同じ話型で話していたら、違和感をもつのではないでしょうか。「私は〜を理由にしました。だから、〜だと思います」と話した方が効果的な場合もあるのです。「私の考えの理由がわかりますか?」など、相手に問いかけるような話し方だって考えられるはずです。

話型指導の問題点は、子どもが自分で効果的な話し方を考えなくなるところにあります。いつも同じ話型でしか話せないようでは困りますし、何より聞き手が飽きてしまいます。話型指導を否定しているわけではありません。話型指導をするのならば、子どもがどの話型を使うと相手によりよく伝わるのかを考える段階まで導くのが教師の役割です。子どもの発言で同じ話型が続く場合、一度立ち止まって考えてみる必要があるでしょう。

これは、話型指導に限ったことではありません。「書くこと」の型の指導にもつながることです。「はじめ―中―終わり」の構成を用いたり、「まず―次に―また―さらに」のつなぎ言葉を使ったりして、自分の文章を書く活動があります。そのときにも、どうしてその構成を使うとよいのか、どうしてつなぎ言葉を使う必要があるのかを、子どもが考えることが大切です。

子どもを型にはめて、その型しか使えない、その型しか使わせない。そうではなく、いろいろな型のよさや効果を意識しながら使えるようにするのです。そうして、私たちが自転車にのるように、子どもが無意識に型（技能）を使いこなせるようにしていきましょう。

6 「要約」と「要旨」はどう違うの?

 「要約」は「文章全体を短くまとめること」、「要旨」は「書き手の内容の中心や考えの中心」です。

　説明文で学習する「要約」と「要旨」。似たような学習用語なので、どうしても混乱してしまいます。「要約」も「要旨」も200字程度にまとめることが多いため、「書くこと」の学習だと思われがちですが、どちらも「読むこと」の学習内容です。

（1）要約

　3・4年の「精査・解釈」という指導事項に出てきます。簡単にいうと、「要約」は「文章全体を短くまとめること」。その際には、「事実」「中心となる語や文」「筆者の考え」の3点を入れてまとめます。それに向けて、1・2年で「要点」という「重要な語や文」を選ぶ学習を行います。学習の手引きに字数が設定されていることがよくありますが、あくまで目安です。あまり字数にこだわりすぎない方が、子どもにとって負担が少なくなるでしょう。

（2）要旨

　5・6年の「構造と内容の把握」という指導事項に出てきます。「要旨」は、「書き手の内容の中心と考えの中心」です。5・6年の説明文は、筆者の考え（主張）が明確にある「論説文」が多くなります。説明文を読むとき、まずは筆者の考えは何かを意識して読み取りますから、「要旨」の把握は単元最初の活動にふさわしいといえます。筆者の考えは、文章全体のまとめとして書かれることが多いため、最終段落に目を向けるとよいでしょう。筆者の考えを見つけるポイントは「文末」です。

> 「思います」「考えます」「大切です」「重要です」「必要です」

　これらの文末で結ばれていれば、筆者の考えです。「最も大切なのは」と文頭にくることもあります。さらに、筆者の考えが強くなるほど、「〜すべきです」「〜しなければなりません」という断定的な文末を用いて主張します。

　「要旨」をまとめる際にも、教科書には「150字以内」などと字数制限がありますが、「要約」と同じように目安としてとらえましょう。

　1・2年で「要点」（重要な語や文）を学び、それが3・4年の「要約」につながり、最終的に5・6年で「要旨」を把握する。その系統性を意識しましょう。

 **7** 物語文の授業、場面ごとに区切って
学習してはいけないの?

 場面ごとに区切って学習することは問題ありません。
ただし、「点」ではなく「線」で物語をとらえることが大切です。

物語文には決まった指導法、学習法というものはありません。場面ごとに区切って学習してもいいし、文章全体を丸ごと扱ってもよいのです。大切なことは、子どもが教室で物語を読むことを楽しんでいるか、そして子どもが単元目標に到達できる学習になっているかどうかです。

それを踏まえて、ここでは場面ごとに区切って学習するよさを考えてみます。

(1)「場面の移り変わり」を具体的に想像することにつながる

場面ごとに区切ると、1場面の学習を2場面に、2場面の学習を3場面に…というように、それまでの場面で学習したことを生かしやすくなります。それは、3・4年の指導事項である「場面の移り変わり」を意識して登場人物の気持ちや行動を想像することにつながります。そのためにも、1・2年で場面の様子にしっかりと着目できるようにすることが大切です。

(2)「登場人物の気持ちの変化」を想像しやすくなる

物語文の多くは、中心人物の気持ちや考えが変わります。教科書には気持ちがプラスに変わる物語文が多く載っていますが、マイナスに変わる物語文も存在します。物語のはじめと終わりで、登場人物の気持ちはどのように変わったのか。場面を区切って学習することで、登場人物の気持ちの変化が想像しやすくなるでしょう。

ただし、場面ごとに区切って学習する際には注意すべき点があります。それは、「点」になってはいけない。つまり、その場面でしか考えないということです。前の場面の学習を生かして考えなければ「場面と場面の移り変わり」「登場人物の気持ちの変化」を想像することはできません。場面ごとに区切って学習する指導が批判されるのは、そのような「点」の読みになっているからです。

5・6年になると物語の全体像をとらえることが求められます。また、一つの物語文にかけられる授業時数が少なくなります。だからこそ、5・6年で物語文全体から想像することができるように、場面と場面の結び付きを意識した「線」でとらえる学習が大切になってくるのです。

 **8** 教師の範読、感情を込めるべき?

 感情を込める範読から感情を込めない範読へ

教師は範読をしながら、以下の点を確認します。

①漢字の読み方や意味がわからない言葉、子どもが知らない出来事や物
②文節の正しい区切り方
③誰の行動や会話か（主に物語文）

ここまでは感情をこめる必要はありません。では、なぜ感情を込めるのか。それは、子どもの解釈や想像を一定の方向にリードするため、です。

範読に感情を込めることによって、登場人物に対して、全員が同じような気持ちや心情を思い描くことができます。また、場面の様子についても同じことがいえます。例えば、「大造じいさんとガン」（5年）では、残雪とハヤブサの戦闘シーンの緊迫感。「白いぼうし」（4年）では、初夏の爽やかな雰囲気。そのような場面の様子をイメージできるよう、声色や速さ、大きさや間を工夫しながら範読すると効果絶大です。

しかし、マイナス面もあります。想像を一定の方向にリードすることで、子どもの多様な解釈や想像を限定してしまう可能性があることです。「お手紙」のワンシーン。お手紙を出したことを告白するかえるくんに、がまくんは「きみが。」と返します。この「きみが。」。うれしそうに読みたい、驚いたように読みたい、不思議そうに読みたい。さまざまな子どもが出てきます。もし教師の範読がうれしそうながまくんの様子を表していたら、驚いている、不思議そうと想像していた子はどのように思うでしょうか。先生の範読が正しいと思った子どもは、自らの解釈や想像を修正してしまう。そこに正解などないはずなのに。

最終的に目指すのは、教師の範読が必要ない子どもです。一人一人の子が、適切に文節で区切り、句読点に気を付けながら音読し、登場人物の気持ちや心情を自分なりの音読で表現できたらうれしいですね。その先に高学年では聞き手の心をゆさぶる朗読が待っています。範読を当たり前に行うのではなく、範読が必要ないときが来ることを願って範読する教師になりましょう。

第**6**章

Q&A

Q9 音読の宿題は、必要なの?

A 必要だと思わせるバリエーションを!

「今日も音読が宿題だよ」「じゃあ、さっさと読んじゃいなさい。お母さんは洗い物しているから」「どうだった？」「全部、〇でいいわよ」「はーい」

　全国でくり広げられている家庭での一コマ、悲しいですね。音読の宿題が必要だ！と思ってもらえるようにさまざまなバリエーションを用意しましょう。

（1）単元に入る前・学習中

ダウトを探せ！：先生が言葉を変えたり抜かしたりして音読します。先生が仕掛けたダウトに気付けるように音読の宿題を通して言葉を覚えます。

暗記マスター誕生：「春はあけぼの」「つれづれなるままに」「静けさや」。短歌や俳句、古典。今でも覚えていませんか？　何度も音読し、リズムや語感ににふれ、言葉を体得した証拠です。物語文のクライマックス場面など、できる範囲で暗記を目指します。

（2）学習中

ジャストタイムを目指せ！：1分間で300字が聞きやすい速さ、といわれています。600字なら2分、1200字なら4分…。それを基準に時間設定を短くしたり長くしたり。おうちの人にタイムを計ってもらいます。

気持ちを当てろ！：登場人物の「　」（セリフ）。うれしい・悲しい・驚いた・楽しい、など選択肢を用意し、どの気持ちを込めて音読したか聞いている人に当ててもらいます。

（3）必要ではない場合もあります

　朝の連続テレビ小説や月9のドラマ。早く翌日が、次週の放映が来ないかとワクワクします。先が知りたい、その知的好奇心を喚起すべく、最初から物語文をすべて配るのではなく、今日学習する場面だけ配り、それを積み重ねる学習を取り入れる先生がいます。そういう学習展開にする場合、単元に入る前の音読は必要ありません。というよりその宿題を出してはいけません。

　音読の宿題を出しておけばいいや。その容易な考え、見直しませんか？　音読の宿題を通して、子どもとおうちの人をつなげることができるのです。

 読書をしない、読書がきらいな子に
どう対応すればいいの?

 逆風➡そよ風➡追い風に　ゆっくりと時間をかけて

（1）**逆風が吹き荒れる**　書店は、この20年間で約2万件から1万件に半減した
といいます。一軒も書店のない市区町村が27.8%。今や、本を直接手に取り、
購入するのは難しいことになりつつあります。また、手のひらでのエンタメが
数多く開発されています。手のひらで映画、ライブ、ゲームが楽しめる時代、
読書には逆風が吹いています。

（2）**逆風をそよ風に**　強引に本を手に取らせても逆効果です。まずは、読み
聞かせを通して、読書の世界にそよ風を吹かせましょう。先生方の中には、読
み聞かせは低学年のものと思っている方が大勢いますが、中・高学年、果ては
中学生でも読み聞かせを聞き、物語世界に没入する子どもはたくさんいます。

　読み聞かせ以外にも、本とのやさしい出合いを演出する手法があります。

> **挿絵の利用：**挿絵だけ見せて、みんなで物語を想像します。絵だけの絵本もあ
> るので、その絵をもとにストーリーを創り出してもよいですね。
>
> **アニマシオン：**内容を確かめる〇×ゲーム、ダウトをさがせ、など楽しみなが
> ら自然に物語を何度も読むことができます。たくさんの作戦があります。
>
> **リテラチャーサークル：**グループで一人一人が違った役割を担当します。例え
> ば、質問をつくる人、言葉を説明する人など。協同学習に適した手法です。
>
> **ビブリオバトル：**本の魅力を伝える、ゲーム感覚の書評合戦です。参加者全員
> で読みたくなった本に投票し、最終的に「チャンプ本」を決定します。

（3）**追い風を吹かせる**　読書に追い風を吹かせるため、固定観念を捨てまし
ょう。「読書とは文字にふれること。ネットの文章でもOK」と割り切ったらど
うでしょう。今や日本文化の代名詞となったマンガだって読書の1つ。絵から
情報を読み取る力を育てるうえに、マンガは日本語の特徴であるオノマトペの
宝庫です。

　物語の読書はゲームと同じ娯楽です。現実世界で嫌なことがあっても物語の
世界に飛び立てば現実を忘れられます。読書によって心が躍り、心が落ち着く
子が増えますように。本は心と頭の栄養です。

 **11** どうすれば漢字練習を楽しくできるの?

 超えられるハードルを設定しましょう

（1）まずは読めるように、そして書けるように

　その学年で書けるようにならなくてよいのです。意外と知られていない事実です。解説にも、「漢字の読みと書きについては、書きの方が習得に時間がかかるという実態を考慮し、書きの指導は2学年間という時間をかけて、確実に書き、使えるようにすることとしている。」と記されています。その代わり、読めるようにするのは、その学年のうちに。

（2）子どもに応じて軽重を付ける

　小学校の配当漢字は1026字。中学校の配当漢字は1110字。中学生は1年間で400字弱の漢字を習う計算。1日に1字ずつ新出漢字を習う。かなりハードです。では、日本で生活するのに最低限必要な漢字は、何字でしょうか。300字から400字程度という見解が見受けられます。ここでクイズです！　私、洗、蚕、揮。それぞれ小学何年生の配当漢字でしょうか。正解は…すべて6年生！　日常生活での使用頻度は同じでしょうか。1026字をすべて同様に学習しなければならないのでしょうか。

　今、特別な支援を必要する子どもが増えています。漢字の習得が困難な子もいます。すべての漢字が読め、書ける方が社会生活を円滑に送れるかもしれませんが、その子に応じた軽重も必要です。

（3）孤独な活動にしない！

　漢字練習は、孤独です。一人で黙々と練習するのは大人だって辛いものです。だったら、集団で漢字練習をしませんか？　ここでは2つの活動をご紹介します。

リレー物語をつくろう：使う漢字を紹介（10字程度）。1字を選んで文をつくり、次の子へ渡します。それをくり返し、10文程度の物語をグループで協同してつくります。

漢字すごろく：めくった漢字の画数分だけ進めるすごろく。習った漢字を使った「1回休み」や「2マス進む」などを用意し、漢字にふれる機会を増やします。

（例）洗い物がたまった→1回休み　指揮が上手にできた→2マス進む

Q12 単元ごとのテストは、必要なの?

「必要ない!」と言えたらかっこいいですね

　国語科の単元テストで測れる力、それは記憶力です。低学年の子どもが教科書の説明文で「問い」と「答え」を学びました。その説明文が載っているテストで「問い」と「答え」を見つける。それは、学習を再生産する力です。

　本来、私たちが育みたいのは、他の説明文を読んだときにも「問い」と「答え」はどこかな、と思考する力です。同様に「モチモチの木」で、はじめて登場人物には性格があると学んだ子どもが、他の物語文を読んだときにも〇〇という人物は△△な性格だな、と「モチモチの木」での学びを生かす。それが国語の学力です。そのように考えると、物語文や説明文の単元では、違う文章を用いないとその力が育まれたのかわかりません。

　また、話すこと・聞くこと、書くことの学習では、相手や目的を明確にすることが求められます。架空の相手や目的が設定された単元テストで、本当に話すこと・聞くこと、書くことの力は測れるのでしょうか。

　と、ここまで読み進めてくださった先生は、単元テストは「必要ない!」と言いたくなったでしょう。でも、テストをなくすには勇気が必要ですね。では、どうすればよいのか。いくつか方法を伝授しましょう。

①**単元テストで測れる力を見極める**　漢字、主語と述語など、〔知識及び技能〕の一部は、テストも評価の判断材料として積極的に用いる。

②**テストの一部に絞る**　物語文を読み、人物の気持ちを想像する。そこに正解はない。テストのうち、正解が明確だと判断した設問だけ評価に用いる。そのほかの設問は、何が答えになるのか、クラス全体での話し合いの材料にする。

③**割合を決める**　日常の授業における見取りとテストでの評価の割合を決める。できるだけ授業中の言動、ノートの記述などに重きを置く。

④**自分でテストをつくる**　一番高度な技だがチャレンジしてみる価値あり!過去に教科書に載っていた物語文や説明文を参考にするとよい。

　その単元で育みたい力を理解し、子どもの言動やノートの記述を見取る精度を上げ、単元テストは「必要ない!」と言える教師を目指しましょう。

 **Q13** 思考ツールは、どういうときに使うの?

 まずは、思考ツールの種類と特徴を知りましょう

　思考ツールとは、情報（国語では主に言葉）を分類したり比較したり、関係付けたり順序立てたりし、自分の考えを見やすいかたちで整理し表現するための道具（ツール）です。皆さんは、2つの輪の一部が重なり合う「ベン図」を見たり使ったりしたことがあるでしょう。イギリスの学者ジョン・ベンが創り出した思考ツールです。子ども同士が学び合い、自分と友達の考えや根拠、集めた情報を比べ、自分の学びに生かす際に有効です。

　ここで、代表的な思考ツールとその用い方を紹介しましょう。

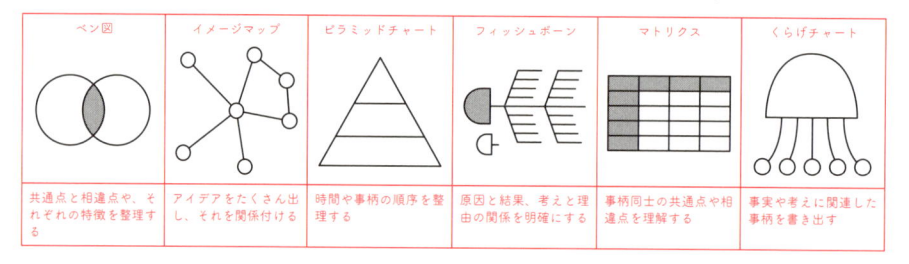

ベン図	イメージマップ	ピラミッドチャート	フィッシュボーン	マトリクス	くらげチャート
共通点と相違点や、それぞれの特徴を整理する	アイデアをたくさん出し、それを関係付ける	時間や事柄の順序を整理する	原因と結果、考えと理由の関係を明確にする	事柄同士の共通点や相違点を理解する	事実や考えに関連した事柄を書き出す

領域別に使いドコロがあります！

①〔知識及び技能〕「情報」との相性がバッチリ！

　中学年：比較や分類

　高学年：情報と情報との関係付け、図などによる語句と語句との関係の表し方

「図など」という言葉があるとおり、思考ツールが意識されています。

②話すこと・聞くこと、書くこと

・話したり書いたりするための材料（内容）を集め、選び、関係付ける

・考えと理由や事例のつながりを確かめたり、内容の順序を確かめたりする

③読むこと（説明文）

・文章の構成を整理したり、原因と結果の関係を理解したりする

・知っていること、文章を読んでわかったことや知りたいことをまとめる

・文章の中の重要な語や文、中心となる語や文を抜き出す

おわりに

　私がはじめて教員になったときは、日々、模索しながら教材研究をしていたように思います。そして、放課後にはよく、1年から6年までの教室を見て回っていました。授業力と学級経営に長けた先生のクラスは、教室に子どもの息吹が漂っているようでした。ずっとそこにいたくなる心地よさ。座席の配置、学級目標、教室掲示、係活動…。誰もいない無言の教室から、たくさんのことを吸収しました。板書が残っていれば写真に撮って、構造的な書き方を学びました。実際にその板書と同じように、黒板に書いてみました。教師とは職人である。今でもそう思っています。

　しかし、時代は令和になり、教師に職人的な学びを求めることは難しくなりました。職員室では、教育論が語られなくなりました。それにともなってか、教育技術も受け継がれにくくなったように思います。学習指導案の書き方、授業のリズム、板書技術、発問や指示の出し方、子どもの発言のつなげ方、教師の立ち位置、机間指導の仕方…。先輩方に教わったり、書籍で学んだりしたことを、未来ある多くの先生に伝えたい。

　そのように考える中で、東洋館出版社の西田亜希子さんに本書のお話をいただきました。そのときの胸の高鳴りは今でも覚えています。ありがとうございます。そして、茅野政徳先生からはいつも刺激をいただいています。今回も国語科の理論面だけでなく、文章表現や構成など実にたくさんのことを学ばせていただきました。また西田さん、茅野先生と一緒に意義ある仕事ができることを楽しみにしています。

　最後になりますが、本書を手に取ってくださった先生方。本当にありがとうございます。授業が変われば、子どもとクラスは驚くほど変わります。子どもたちが瞳を輝かせながら明日を待ち望むような国語の授業。話したくて、聞きたくてたまらない。書きたくてうずうずする。読みたくて仕方がない。そんな子どもの姿を、共に追い求めていきましょう。

2025年1月

相模原市立清新小学校　**櫛谷孝徳**

編著者紹介

＊所属は2025年1月現在

茅野政徳（かやの まさのり）

はじめに／第1章／第1章コラム／第2章1〜8／第5章／第5章コラム／第6章Q8〜Q13

山梨大学大学院総合研究部教育学域教育学系教授
川崎市の公立小学校に勤務後、横浜国立大学教育人間科学部附属横浜小学校、東京学芸大学附属竹早小学校、山梨大学大学院准教授を経て、2024年から現職。「創造国語の会」主催。
光村図書出版小学校国語教科書編集委員
〈編著〉
『板書で見る全単元の授業のすべて 国語 小学校3年上／下』東洋館出版社　2020年
『指導と評価を一体化する 小学校国語実践事例集』東洋館出版社　2021年
『「まったく書けない」子の苦手を克服！ 教室で使える カクトレ 低／中／高学年』東洋館出版社　2022年
『小学校国語　教材研究ハンドブック』東洋館出版社　2023年
『板書で見る全単元の授業のすべて 国語 小学校3年—令和6年版教科書対応—上／下』東洋館出版社　2024年
『小学校国語　読みのスイッチでつなぐ　教材研究と授業づくり　物語文編／説明文編』東洋館出版社　2024年

櫛谷孝徳（くしや たかのり）

第2章9・10／第2章コラム／第3章／第3章コラム／第4章／第4章コラム／第6章Q1〜Q7／おわりに

神奈川県・相模原市立清新小学校教諭
相模原市の公立小学校に勤務後、横浜国立大学教育人間科学部附属横浜小学校、相模原市立麻溝小学校を経て、2022年から現職。
光村図書出版小学校国語教科書編集委員
〈編著〉
『板書で見る全単元の授業のすべて 国語 小学校3年—令和6年版教科書対応—　上／下』東洋館出版社　2024年
『小学校国語　読みのスイッチでつなぐ　教材研究と授業づくり　物語文編／説明文編』東洋館出版社　2024年

カスタマーレビュー募集

本書をお読みになった感想を
下記サイトにお寄せください。
レビューいただいた方には
特典がございます。

https://www.toyokan.co.jp/products/5775

LINE 公式アカウント

LINE 登録すると最新刊の
ご連絡を、 さらにサイトと
連携されるとお得な情報を
定期的にご案内しています。

はじめての国語

2025 (令和7)年3月21日　初版第1刷発行

著　　者： 茅野政徳・櫛谷孝徳

発 行 者： 錦織圭之介

発 行 所： 株式会社東洋館出版社

〒101-0054 東京都千代田区神田錦町2丁目9番1号コンフォール安田ビル2階

営業部　電話 03-6778-4343　FAX 03-5281-8091

編集部　電話 03-6778-7278　FAX 03-5281-8092

振　替　00180-7-96823

ＵＲＬ　https://www.toyokan.co.jp

装丁・本文デザイン： mika

キャラクターイラスト： 藤原なおこ

印刷・製本： 藤原印刷株式会社

ISBN　978-4-491-05775-0
Printed in Japan

授業づくりの基礎・基本をぎゅっとまとめた

 「はじめて」シリーズ！

はじめての国語
茅野政徳・櫛谷孝徳 著

はじめての社会
宗實直樹 著

はじめての算数
森本隆史 編著

はじめての理科
八嶋真理子・辻 健 編著

はじめての図工
岡田京子 著

はじめての体育
齋藤直人 著

はじめての英語
江尻寛正 編著

はじめての道徳
永田繁雄・浅見哲也 編著

不安な教科・苦手な教科も
これ1冊あれば安心！